澄衷蒙學堂字課圖說

貳

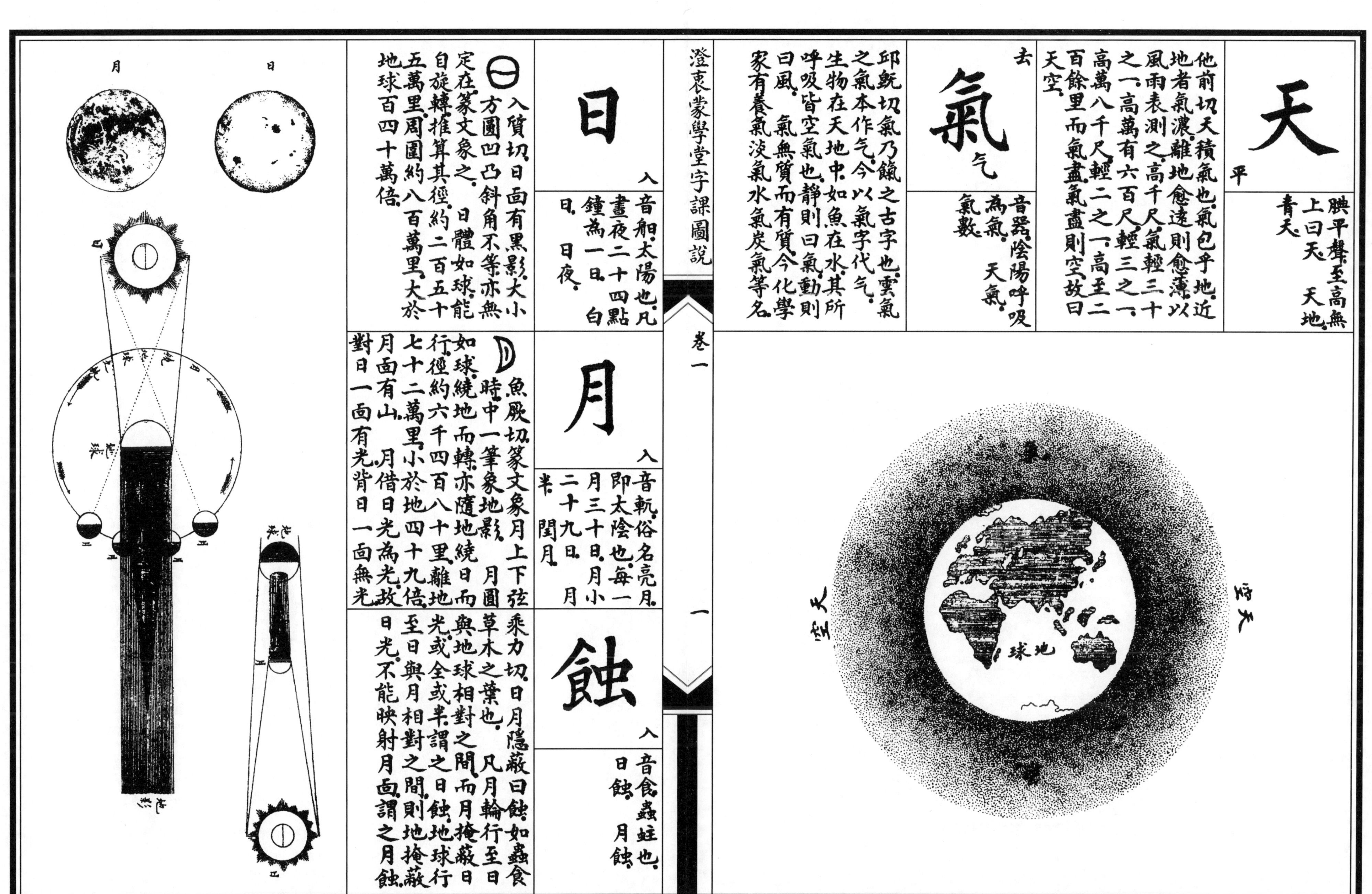

天

平

腆平聲。至高無上曰天。　天地。　青天。

他前切。天積氣也。氣包乎地。近地者氣濃。離地愈遠則愈薄。以風雨表測之。高千尺氣輕三十之一。高萬有六百尺輕三之一。高萬八千尺輕二之一。高至二百餘里而氣盡。氣盡則空。故曰天空。

氣

去　气

音器。陰陽呼吸為氣。　天氣。　氣數。

邱既切。氣乃餼之古字也。雲氣之氣本作气。今以氣字代气。生物在天地中。如魚在水。其所呼吸皆空氣也。靜則曰氣。動則曰風。　氣無質而有質。今化學家有養氣淡氣水氣炭氣等名。

日

入

音馹。太陽也。凡晝夜二十四點鐘為一日。　白日。　日夜。

㊀入質切。日面有黑影。大小方圓凹凸斜角不等。亦無定在。篆文象之。　日體如球。能自旋轉。推算其徑約二百五十五萬里。周圍約八百萬里。大於地球百四十萬倍。

月

入

音軏。俗名亮月。即太陰也。每一月三十日。月小二十九日。　月半。　閏月。

☽魚厥切。篆文象月上下弦時中一筆象地影。　月圓如球。繞地而轉。亦隨地繞日而行。徑約六千四百八十里。離地七十二萬里。小於地四十九倍。月面有山。　月借日光為光。故對日一面有光。背日一面無光。

蝕

入

音食。蟲蛀也。　日蝕。　月蝕。

乘力切。日月隱蔽曰蝕。如蟲食草木之葉也。凡月輪行至日與地球相對之間。而月掩蔽日光。或全或半。謂之日蝕。地球行至日與月相對之間。則地掩蔽日光。不能映射月面。謂之月蝕。

行星軌道

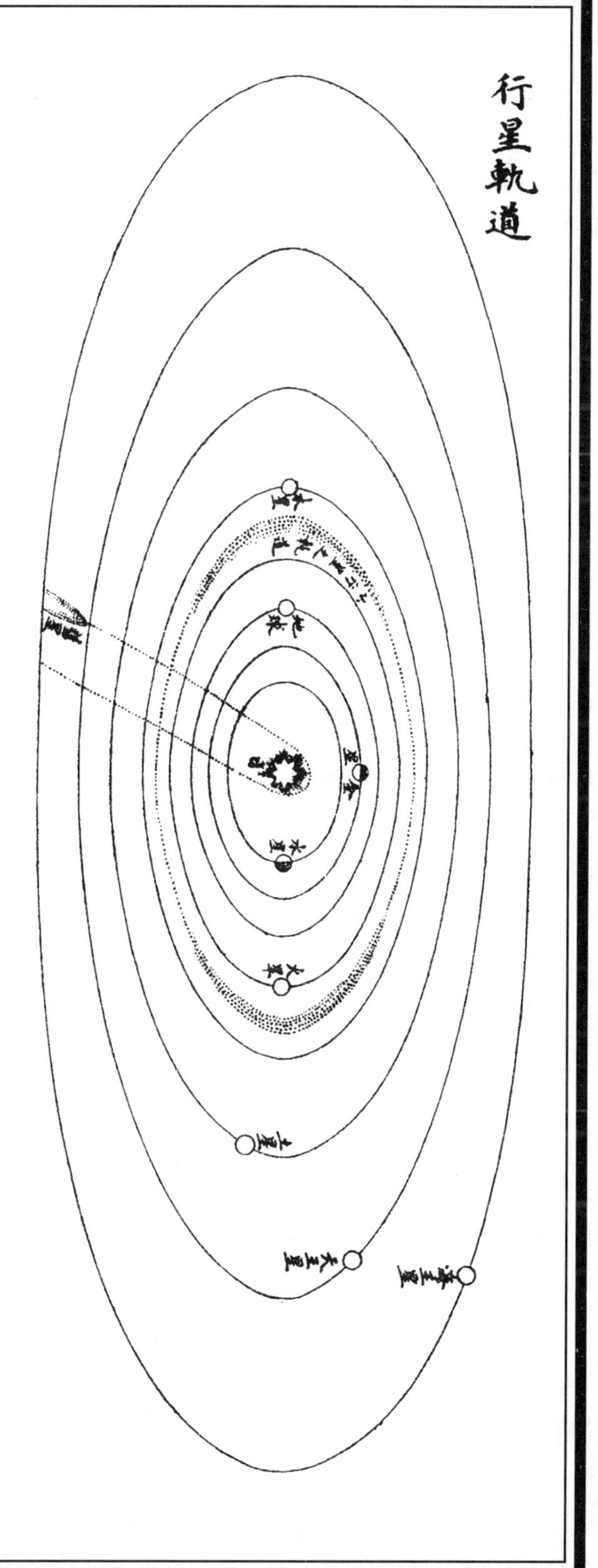

星

平

音腥。天空諸曜曰星。星宿。壽星。

先青切。動者為行星，不動者為恒星。行星各依軌道環日而行，小者百餘，大者水星、金星、地球、火星、木星、土星、天王、海王凡八。恒星散佈天空，大小不等，目能見者有四五千之多。恒星有光，行星無光，借日光以為光。

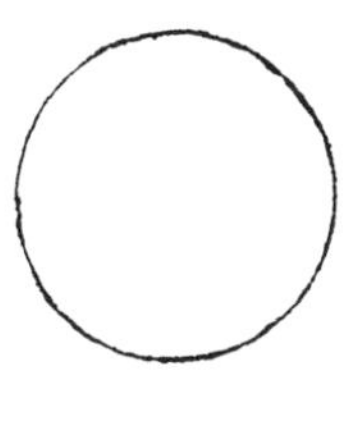

水星

水星即辰星也，距日一萬一千一百萬里，其全體小於地球十九倍，繞日一周須八十八日。

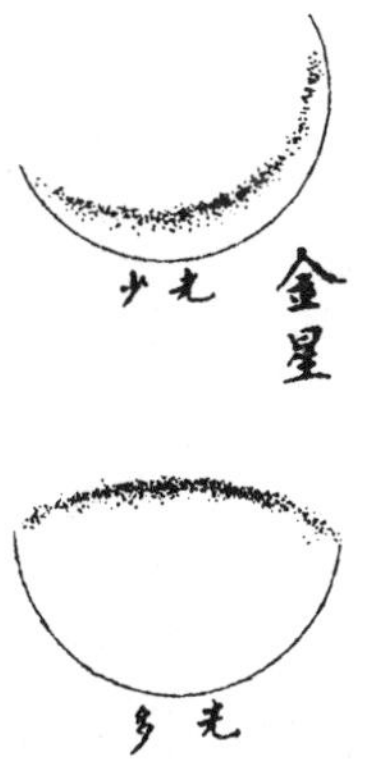

金星

少光

多光

金星即太白星也，夜見西方曰長庚，朝見東方曰啟明。其軌道距日約十九千八百萬里，其全體小於地球十分之一，繞日一周須二百二十五日。其星面有光多光少之時，一如月之盈缺。

地球

月

地球亦行星也，軌道距日約二十七千四百萬里，東西徑二萬二千九百十八里，南北徑二萬二千八百四十一里，周圍七萬二千里，繞日一周為一年，自轉本軸一周計二十四小時為一日，凡一點鐘為一小時。

土星

土星即塡星也，距日二十七萬二千六百萬里，其全體大於地球千倍，繞日一周須二十九年半，自轉一周約十小時有半。星面有光環三面，旋繞四周，環之左右有八月輪繞之。

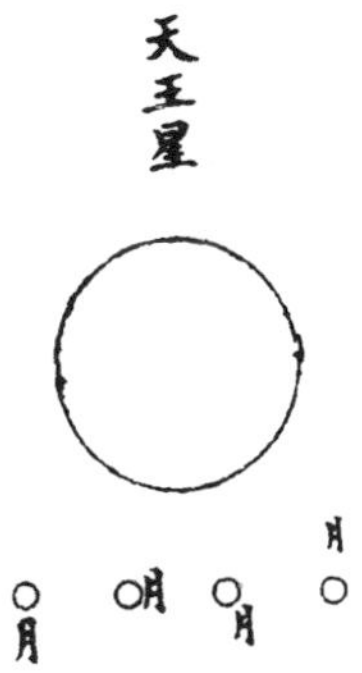

火星四面諸形

火星即熒惑也，距日四萬三千五百萬里，其星甚微，以遠鏡測之，其紅色處疑為陸地，其綠色處疑是海洋。其全體小於地球七倍，繞日一周須一年十一個月。

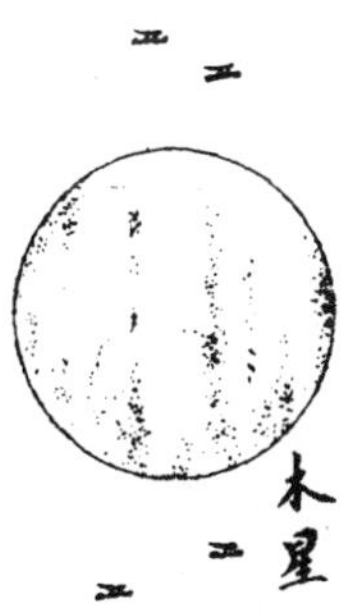

天王星

月　月　月　月

天王星離日五十四萬萬里，繞日一周約八十四年，其旁有四月繞之。其全體大於地球九十倍，於乾隆四十六年測出。此星離地甚遠，非用大遠鏡清夜無雲不能測見。

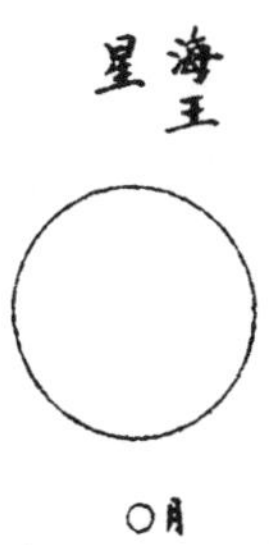

木星

木星即歲星也，距日十四萬八千八百萬里，其光頗大，其面有黑斑縷縷，其全體大於地球千四百倍，外有四月輪繞之，繞日一周須十一年零三百十七日。其在本軌道一小時能行九萬里，自轉本軸約十小時一周。

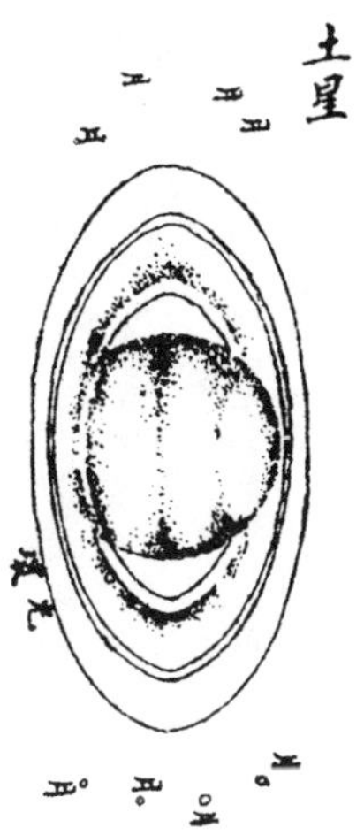

海王星

月

西士測出天王星後，又測得海王星，其軌道離日八十五萬八千六百萬里，繞日一周約一百六十四年，全體大於地球六十倍，旁有一月繞之。此星離地更遠，最難測見。

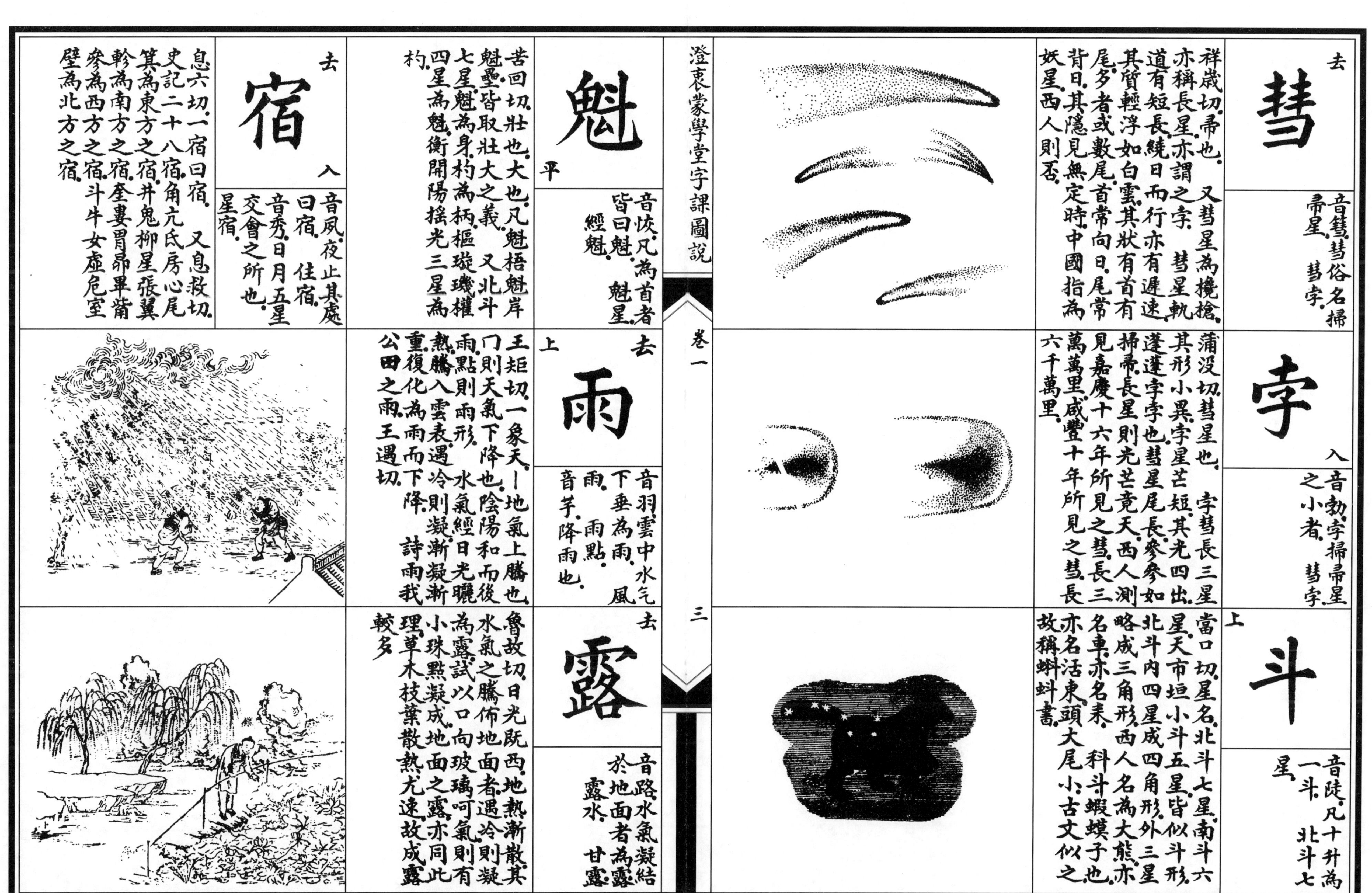

彗 去

音彗。彗俗名掃帚星。 彗孛。

祥歲切。帚也。又彗星爲欃槍。亦稱長星，亦謂之孛。彗星軌道有短長，繞日而行，亦有遲速。其質輕浮如白雲，其狀有首有尾，多者或數尾。首常向日，尾常背日。其隱見無定時。中國指爲妖星，西人則否。

孛 入

音勃。孛，掃帚星之小者。 彗孛。

蒲没切。彗星也。 孛彗長三星，其形小異。孛星芒短，其光四出，蓬蓬孛孛也。彗星尾長，參參如掃帚。長星則光芒竟天。西人測見嘉慶十六年所見之彗，長三萬萬里；咸豐十年所見之彗，長六千萬里。

斗 上

音陡。凡十升爲一斗。 北斗七星。

當口切。星名。北斗七星，南斗六星。天市垣小斗五星，皆似斗形。北斗內四星成四角形，外三星略成三角形。西人名爲大熊，亦名車，亦名耒。科斗，蝦蟆子也。亦名活東。頭大尾小，古文似之，故稱蝌蚪書。

魁 平

音恢。凡爲首者皆曰魁。 魁星。 經魁。

苦回切。壯也。大也。凡魁梧魁岸魁壘，皆取壯大之義。 又北斗七星，魁爲身，杓爲柄。樞璇璣權四星爲魁，衡開陽搖光三星爲杓。

雨 上 去

音羽。雲中水气下垂爲雨。 風雨。 雨點。

音芋。降雨也。

王矩切。一象天。丨地氣上騰也。冂則天氣下降也。陰陽和而後雨。點則雨形。 水氣經日光曬熱，騰入雲表，遇冷則凝，漸凝漸重，復化爲雨而下降。 詩雨我公田之雨，王遇切。

露 去

音路。水氣凝結於地面者爲露。 露水。 甘露。

魯故切。日光既西，地熱漸散，其水氣之騰佈地面者，遇冷則凝爲露。試以口向玻璃呵氣，則有小珠點凝成。地面之露，亦同此理。草木枝葉散熱尤速，故成露較多。

宿 去 入

音夙。夜止其處曰宿。 住宿。

音秀。日月五星交會之所也。 星宿。

息六切。一宿曰宿。 又息救切。史記二十八宿，角亢氐房心尾箕爲東方之宿，井鬼柳星張翼軫爲南方之宿，奎婁胃昴畢觜參爲西方之宿，斗牛女虚危室壁爲北方之宿。

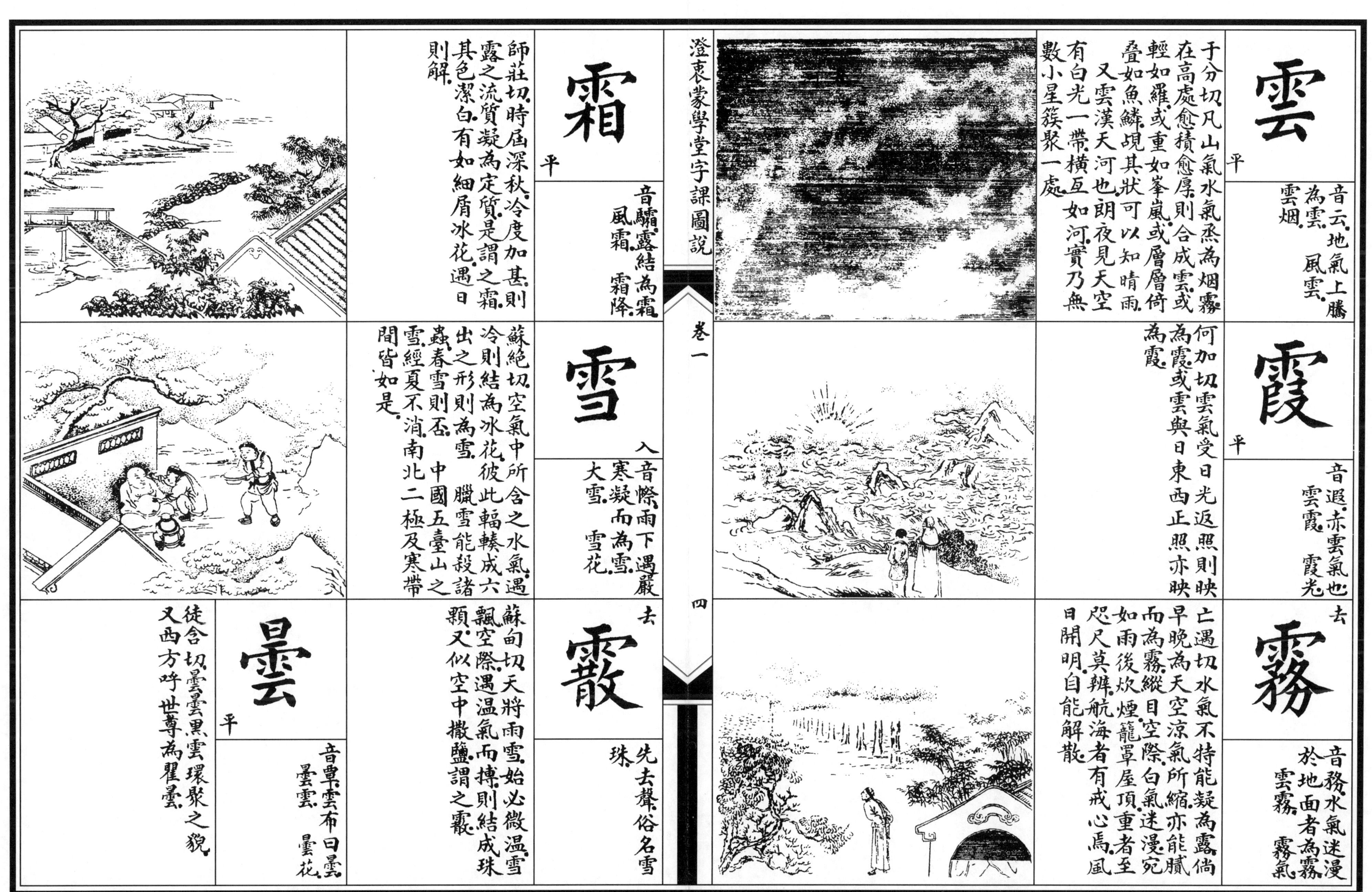

澄衷蒙學堂字課圖說 卷一 四

雲 平

音云。地氣上騰為雲。 風雲。 雲烟。

于分切。凡山氣水氣烝為烟霧，在高處愈積愈厚，則合成雲。或輕如羅，或重如峯巒，或層層倚疊如魚鱗。覘其狀可以知晴雨。又雲漢，天河也。朗夜見天空有白光一帶橫亙如河，實乃無數小星簇聚一處。

霞 平

音遐。赤雲氣也。 雲霞。 霞光。

何加切。雲氣受日光返照，則映為霞。或雲與日東西正照，亦映為霞。

霧 去

音務。水氣迷漫於地面者為霧。 雲霧。 霧氣。

亡遇切。水氣不特能凝為露，倘早晚為天空涼氣所縮，亦能賸而為霧。縱目空際，白氣迷漫，宛如雨後炊煙，籠罩屋頂。重者至咫尺莫辨，航海者有戒心焉。風日開明，自能解散。

霜 平

音驦。露結為霜。 風霜。 霜降。

師莊切。時屆深秋，冷度加甚，則露之流質凝為定質，是謂之霜。其色潔白，有如細屑冰花，遇日則解。

雪 入

音際。雨下遇嚴寒凝而為雪。 大雪。 雪花。

蘇絕切。空氣中所含之水氣，遇冷則結為冰花，彼此輻輳，成六出之形，則為雪。臘雪能殺諸蟲，春雪則否。中國五臺山之雪，經夏不消。南北二極及寒帶間，皆如是。

霰 去

先去聲。俗名雪珠。

蘇甸切。天將雨雪，始必微溫，雪飄空際，遇溫氣而摶，則結成珠顆。又似空中撒鹽，謂之霰。

曇 平

音覃。雲布曰曇。 曇雲。 曇花。

徒含切。曇曇，黑雲環聚之貌。又西方呼世尊為瞿曇。

電　去

音殿。陰陽激燿也。電報。電燈。摩電。溼電。

堂練切。陰陽二氣薄而生熱，熱而發光曰電。設相薄之際，有他物阻乎其間，則薄力愈大，於是迸而為火，震而為雷。電速三倍於光，每秒約行五十七萬英里。動植及金類多有含之者。今所用則人造之電也。

雷　平

音靁。電之聲為雷。響雷。雷擊。

盧回切。陰陽二電摩盪空際，鼓擊而成聲者為雷。雷聲必在電後者，光行較速於聲，如施放大炮，先見火後聞聲也。避雷之法，勿近鐵器，勿著濕衣，勿倚高牆，勿開窗戶。屋高者設防雷桿，可以引電入地。

霆　平

音庭。雷之餘聲曰霆。雷霆。霆震。

唐丁切。雷聲隆隆久而不絕者為霆。急擊者為霹靂。

震　去

音振。雷之烈者曰震。震怒。地震。

章刃切。霹靂也。地下陽氣破地面之陰氣而出，其聲霹靂足以振物，故曰震。易震為雷。三三。又地動曰地震。又震澤，太湖也。今分跨江浙蘇州、常州、湖州三府。

風　平

音楓。氣之動者為風。風雨。大風。

方中切。地氣熱則漲而上騰，他處冷氣流來補之，其自熱處吹至冷處者，高層之風，自冷處補入熱處者，近地面之風也。風行有徐有疾，徐者一小時五里，疾者一小時三四百里。

颶　去

音懼。海中大風曰颶風。

衢遇切。颶者，具四方之風也。兩風相鬭則成旋風，如水流過急鬭成旋渦之理，即羊角風是也。旋風大者為颶風。颶之旋轉其圈甚大，有徑二三千里者。颶之將作，黑雲下垂，形似龍尾，海水即湧起而迎之，俗謂海龍吸水。

颺　平

音陽。風起曰颺。悠颺。颺拜。

移章切。颺者揚也，謂風之飄揚有致也。假借為颺言之颺。

雹 入

音撲。雨冰曰雹。

𩂣弼角切。雹之古文也。从雨，品象形。急雨入冷氣界，驟結為冰顆，初尚輕小，下墜時被冷風旋轉數次，愈併愈大，有如豆、如卵、如石者，剖之其層數歷歷可辨。

霾 平

音埋。落沙天也。風霾。

莫皆切。風而雨土為霾，謂大風揚塵土從上下也。又晦也。物經塵霾，其色則晦。

靄 去

音藹。雲之狀也。靄然。和靄。

於蓋切。雲氣淒迷曰靄。月色朦朧亦曰靄。

虹 平

音洪。長虹。俗名鱟。虹霓。

戶公切。蝃蝀也。日光映照空中雨氣，折而成環形，類懸梁，分為七彩。有現一道者，有現二道三道者，猶之三稜玻璃分日光為數色也。

霓 入 平

音倪。虹也。雲霓。音齧，義同。

研奚切。日光入雨，屈折而成色，白者為虹，色青赤者為霓。又倪結切，義同。俗稱雄曰虹，雌曰霓。又稱海中鱟魚噴氣為虹霓，均不可信。

霄 平

音宵。雨霰為霄。九霄。

思邀切。凡冰雪雜下者謂之霄。又日旁雲氣曰霄。

暈 去

音運。日月旁氣也。月暈。

禹慍切。氣圍日月之光，相映成環，有似兵圍軍壘，故曰暈，皆風雨之先象也。

煙 平

音焉。火之氣也。香煙。煙筒。

烏前切。凡中含水氣，濛濛如雨，布於空際者為霧；中含炭氣，滾滾如雲，布於空際者為煙。朝煙見日即散，炊煙遇風即散，惟火山之巔常有白煙，亙古不散。

乾 平　乾

音虔。健也。乾坤。音干。燥也。乾溼。

渠焉切。達於上者為乾。凡上達者莫若氣。惟天積氣。故易乾為天☰。又古寒切。左傳外强中乾。乾者溼之對也。

曜 去　燿　耀

音鷂。光明所照曰曜。曜眼。

弋笑切。日月五星謂之七曜。五星者。指東方歲星。南方熒惑。西方太白。北方辰星。中央鎮星言之也。又與耀同。熠耀。螢火也。

晴 平

音情。雨止無雲也。陰晴。晴天。

慈盈切。

朗 上

音郎上聲。光之明者曰朗。聲之高者亦曰朗。高朗。朗誦。

盧黨切。

昭 平

音招。光明也。昭彰。昭昭。

止遙切。明之顯者曰昭。為其昭然共見也。廟祧之位。左昭右穆。父為昭。子為穆。

暉 平　煇　輝

音揮。光之暈也。光暉。

吁韋切。

景 上

音警。日光也。景致。風景。

舉影切。光之所照有界限也。古影作景。如周禮正日景是。又景有光大之義。故屬於天者曰景星。曰景雲。曰景風。屬於地者曰景山。曰景行。屬於人者曰景福。

霽 去

音擠。雨止也。霽月。晴霽。

子計切。

照 去

音詔。光之所燭曰照。照燿。心照。

之笑切。

飄 平

音標。回風曰飄。飄泊。飄颻。

卑遙切。飄風。疾風也。其勢扶搖而起。近於羊角。亦曰回風。又御風而行。暢然意滿者為飄飄。

霖 平

音林。雨自三日以往為霖。甘霖。霖雨。

力尋切。

旱 去

音翰。不得雨曰旱。二穀不熟曰旱。乾旱。旱魃。

侯旰切。

儀

平

音宜。有儀可像謂之儀。威儀。儀器。

魚羈切。儀者萬物之程式也。易以乾坤為兩儀。太元經以天地人為三儀。又測天之器。古曰渾儀。今有子午儀經緯儀紀限儀之屬。

晷

上

音軌。日景也。日晷。晷影。

居洧切。以表度日謂之晷。其法望高處為體。立長短二竿為用。二竿與高齊。等度三物兩間修短。句股而求之。寒暑短長瞭然自見。

明

平

音鳴。無幽不燭曰明。聰明。明白。

眉兵切。天下最明者莫如日月。故古文以日月為明。凡都曰明都。堂曰明堂。皆取明照之意。水曰明水。粢曰明粢。衣曰明衣。皆取明潔之意。又代名。繼元而有天下。

旭

入

音勖。日旦出貌。朝旭。旭旦。

許玉切。旭者明著之名。東方日升。明著天下。故曰旭。

暗

去

闇

諳去聲。日無光曰暗。黑暗。暗室。

烏紺切。

陰

平

音音。闇也。太陰。陰天。

於今切。水之南。山之北也。又詩以陰以雨。陰者晴之對也。易一陰一陽之為道。陰者陽之對也。

陽

平

音羊。明也。太陽。陽氣。

移章切。山南水北謂之陽。山東曰朝陽。山西曰夕陽。隨日所照名之也。日面光熱最大。離地二十七千四百萬里。猶能令地球温暖。故日為太陽。

温

平

音薀。氣煖曰温。色和曰温。温飽。温柔。

烏魂切。温水出今四川合江縣。至涪州入黔江。一名煖水。又郡名。浙江有温州府。又距赤道南北二十三度半之帶為温帶。凡火山附近必多硫石。其下常有温泉。浴之可已癬疥。

涼

平

音良。微寒也。清涼。涼氣。

呂張切。北風曰涼風。時至孟秋。則涼風至。又漢武帝改雍州曰涼州。亦以地處西邊氣候寒涼之意。

冷

上

令上聲。涼之甚者曰冷。冰冷。冷熱。

魯打切。天氣最冷。其近於南北極者尤冷。地受日光。故氣煖。其近於赤道者尤煖。煖氣上騰。則冷氣自下流來補之。一冷一煖。旋相為用。

煖

上

煥暄暖　平

音萱。温也。寒煖。飽煖。音餪。義同。

許元切。本作暄。又乃管切。亦作暖。又與煥同。

世 去

音勢。終一人之身曰世。 世界。 時世。

舒制切。世从卅而曳長之。故三十年為一世。 父子相繼為世。凡世卿世家世父世子。皆準是義。 梵書以過去見在未來為三世。

代 去

音岱。以彼易此以後續前曰代。 年代。 替代。

度耐切。王者有天下則易代。夏商周為三代。晉宋齊梁陳隋為六代。梁唐晉漢周為五代。 又國名古代國在今山西大同府。

年 平

撚平聲。穀熟為年。 年紀。 流年。

奴顛切。凡五穀一年一熟。故說文以穀熟為年。 年即歲也。夏曰歲。殷曰祀。周曰年。唐虞曰載。歲取星行一次。祀取四時一終。年取禾穀一熟。載取物終更始。

歲 去

音悅。四時一終曰歲。 年歲。 歲星。

須銳切。歲星即木星。為八大行星之一。二十八宿分十二次。歲星十二歲而周天。是為歲行一次。 又星家以太歲為凶星。漢王充論衡。已斥其妄。

時 平

音蒔。春夏秋冬為四時。 時令。 歲時

市之切。每年四時。每日十二時。今西人以一點鐘為一小時。

季 去

音記。少者為季。 春夏秋冬為四季。

居悸切。季為幼稺之稱。故其序在伯仲叔之後。引而伸之。凡季世季父及四時之季。皆同此義。

歷 厤 入

音櫟。事之身經者曰歷。 閱歷。 歷數。

狼狄切。黃帝之臣容成始作歷。自漢迄明。歷法屢變。 國朝製歷。兼採中西。 御製歷象考成一書。法尤精密。

閏 去

音潤。中國曰閏月。西人曰閏日。

儒順切。閏月王居門中。故門王為閏。歲實以三百六十五日六小時為一年。中歷每年三百五十四日。其餘日積而為閏。故三年一閏。五年再閏。西歷以三百六十五日為一年。餘六小時積四年而成一日。故四年一閏。

伏 入

音服。偃覆曰伏。 屈伏。 伏臘。

房六切。伏以伺為本義。凡伺人者必於隱。故潛伏俯伏伏莽伏兔皆取隱伏之意。 秦德公定三伏之節。以夏至後三庚為初伏。四庚為中伏。立秋後初庚為末伏。

臘 臈 入

音蠟。祭名。十二月為臘月。 伏臘。 臘梅。

落合切。祭也。歲終臘祭百神也。夏曰嘉平。殷曰清祀。周曰大蜡。漢曰臘。 臘祭之期。夏在丑月。殷在子月。周在亥月。秦漢皆與夏制同。而漢獨用冬至後三戌。

寒 平

音韓。涼之甚者曰寒。 寒暑。 大寒。

河干切。凍也。从人在宀下。以茻上下薦覆之。下有仌也。 地球以南北極為最寒。故距兩極二十三度半之帶為寒帶。

暑 上

音鼠。煮也。熱如煮物也。 暑氣。 避暑。

舒呂切。暑與熱同而異。熱近燥。如火之烘。暑近溼。如水之烝。 節令有大暑小暑處暑。

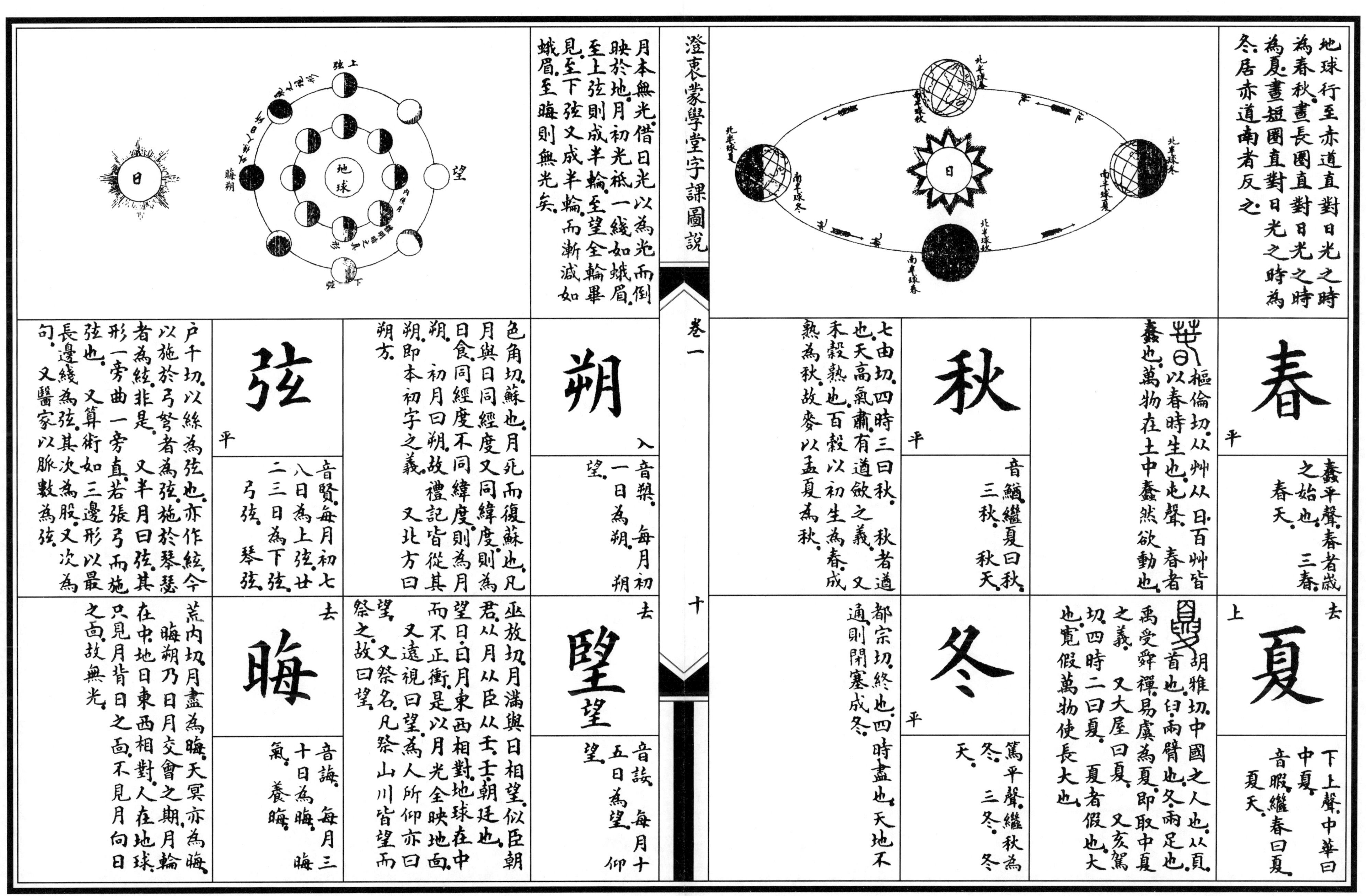

地球行至赤道直對日光之時為春秋。晝長圈直對日光之時為夏。晝短圈直對日光之時為冬。居赤道南者反之。

春 平

蠢平聲。春者歲之始也。 三春。 春天。

樞倫切。从艸从日。艸春時生也。屯聲。 春者蠢也。萬物在土中蠢然欲動也。

夏 上 去

下上聲。中華曰中夏。 音暇。繼春曰夏。 夏天。

胡雅切。中國之人也。从頁 首也。臼。兩臂也。夊。兩足也。禹受舜禪。易虞為夏。即取中夏之義。 又大屋曰夏。 又亥駕切。四時二曰夏。 夏者假也。大也。寬假萬物使長大也。

秋 平

音鰌。繼夏曰秋。 三秋。 秋天。

七由切。四時三曰秋。 秋者遒也。天高氣肅。有遒斂之義。 又禾穀熟也。百穀以初生為春。成熟為秋。故麥以孟夏為秋。

冬 平

篤平聲。繼秋為冬。 三冬。 冬天。

都宗切。終也。四時盡也。天地不通。則閉塞成冬。

月本無光。借日光以為光。而倒映於地。月初光祇一綫如蛾眉。至上弦則成半輪。至望全輪畢見。至下弦又成半輪。而漸減如蛾眉。至晦則無光矣。

朔 入

音槊。每月初一日為朔。 朔望。

色角切。蘇也。月死而復蘇也。凡月與日同經度又同緯度。則為日食。同經度不同緯度。則為月朔。 初月曰朔。故禮記皆從其朔。即本初字之義。 又北方曰朔方。

望 去

音誒。每月十五日為望。 仰望。

巫放切。月滿與日相望。似臣朝君。从月从臣从壬。壬。朝廷也。望日。日月東西相對。地球在中而不正衝。是以月光全映地面。 又遠視曰望。為人所仰亦曰望。 又祭名。凡祭山川皆望而祭之。故曰望。

弦 平

音賢。每月初七八日為上弦。廿二三日為下弦。 弓弦。 琴弦。

戶千切。以絲為弦也。亦作絃。今以施於弓弩者為弦。施於琴瑟者為絃。非是。 又半月曰弦。其形一旁曲一旁直。若張弓而施弦也。 又算術如三邊形以最長邊綫為弦。其次為股。又次為句。 又醫家以脈數為弦。

晦 去

音誨。每月三十日為晦。 晦氣。 養晦。

荒內切。月盡為晦。天冥亦為晦。 晦朔乃日月交會之期。月輪在中。地日東西相對。人在地球。只見月背日之面。不見月向日之面。故無光。

候　去

音後。約期相待曰候。伺候。時候。

下遘切。伺望曰候。故賓客所居曰候館。道路迎送之官曰候人。轉為占候。又轉為氣候。為節候。

旬　平

音紃。十日為旬。上旬。中旬。下旬。

詳倫切。

今　平

音金。今者。古之對也。如今。今日。

居吟切。見在曰今。梵書無去來今。即過去未來見在之說也。

昔　入　腊

音惜。據今而稱前日謂之昔。昔日。古昔。

思積切。乾肉也。與腊同。又昔者前日也。又日入至於星出謂之昔。故昔昔訓為夜夜。

久　上　灸

音九。暫之反也。長久。久要。

舉有切。常於其處曰久。蓋遲留之辭。說文本作鍼灸之灸。

暫　去

音鏨。不久也。暫時。暫記。

藏濫切。須臾曰暫。

頃　上

傾上聲。瞬息之間曰頃。頃刻。頃間。

犬潁切。頭不正也。又田百畝為頃。又暫也。久之對也。凡少頃俄頃。皆有暫意。

昨　入

乍入聲。時隔一宵曰昨。昨日。昨夜。

疾各切。

曩　上

囊上聲。在今而道既往謂之曩。曩時。

乃朗切。曩者與向者之義同。

乍　去

槎去聲。暫也。倉猝之辭也。乍見。乍晴。乍雨。

助駕切。

早　上　蚤

遭上聲。舉首見日曰早。早起。清早。

子皓切。日初出也。通作蚤。

晚　上

音挽。暮也。早晚。晚生。

武遠切。漢書以衰周為晚周。史記以末世為晚近世。皆取暮意。

夙 入

音宿。早為戒備曰夙。　夙夜。　夙興。

息六切。

夜 去

耶去聲。日入為夜。　黑夜。　夜半。

寅謝切。夜者自昏至旦之總名。漢制。晝漏夜漏均分為五。晝有朝禺中晡夕。夜有甲乙丙丁戊。

晨 平

音辰。昧爽曰晨。　晨昏。　黎晨。

丞真切。

昏 平 婚

音閽。日入後漏三刻為昏。　黃昏。　昏昧。

呼昆切。从日。从氐省。氐古低字。日低則昏。淮南子日至於虞淵。是謂黃昏。日至於蒙谷。是謂定昏。　昏以闇為義。故昏墊昏亂昏昧皆曰昏。　又與婚通。妻父曰昏。重昏曰媾。

期 平 朞

音其。事前之約曰期。　定期。　到期。　音姬。匝歲曰朞。　朞年。

渠之切。會也。期門。漢時宿衛之名。武帝將出。常與北地良家子期於殿門。故曰期門。　又居之切。同朞。凡三百有六旬有六日。

夕 入

音席。初昏為夕。　七夕。　夕陽。

祥易切。暮也。晡時至黃昏為日之夕。下旬為月之夕。自九月盡十二月為歲之夕。　又朝見曰朝。夕見曰夕。

曉 上

囂上聲。清晨曰曉。　曉日。　破曉。

馨鳥切。曙也。　引申為曉諭之曉。

晏 去

音曣。入夜曰晏。　晏安。

於諫切。天清無雲謂之晏。假為晏安之晏。　又晚也。淮南子日至於桑野。是為晏食。

宵 平

音消。定昏曰宵。　中宵。　元宵。

先彫切。

旦 去

丹去聲。日方出曰旦。　元旦。　旦暮。

得爛切。从日見一上。一地也。日入後漏三刻為昏。日出後漏三刻為旦。淮南子日至於曲阿。是為旦明。　又震旦。梵書以蔥河以東為震旦。

晝 去

音咒。夜之對也。　白晝。　晝夜。

涉救切。明也。日之出入與夜為界。　地球中有晝短晝長圈。南北兩極率以半年為晝。半年為夜。

昃 入

音側。日在西方曰昃。　盈昃。

扎色切。昃亦名昳。言日蹉跌而下。謂未時也。

榦 幹 去

干去聲。木之材者曰楨榦。人之材者曰才榦。又自甲至癸為十榦。天榦。

古案切。築牆木也。植於兩端者曰楨。植於兩邊者曰榦。 又樹木旁生曰枝。本根曰榦。 又大撓作甲乙以名日。謂之榦。作子丑以名辰。謂之支。榦即爾雅所謂歲陽也。

支 平

音卮。持之以手曰支。支撐。又自子至亥曰十二支。地支。

旨而切。竹葉下垂也。人有四支。猶竹有葉。故以手足為四支。 又假為支庶之支。古稱長嫡為宗子。庶昆弟為支子。 又十二支辰名。爾雅所謂歲陰也。

甲 入

音夾。十榦之首。五行屬木。甲子。鎧甲。鐵甲。甲船。

古狎切。木初生戴孚甲也。葉裹白皮謂之孚甲。歲在甲曰閼逢。月在甲曰畢。 又甲冑皆鎧也。鎧之護首者為冑。其護身者為甲。

乙 入

音鳦。榦名。五行屬木。鉤乙。

億結切。象草木冤曲而出也。歲在乙曰旃蒙。月在乙曰橘。 又凡讀書以筆志其止處曰乙。 又魚腸謂之乙。

丙 上

音炳。榦名。五行屬火。

兵永切。萬物成炳然也。歲在丙曰柔兆。月在丙曰修。 又魚尾謂之丙。

丁 平

音玎。榦名。五行屬火。丁壯。地丁。

當經切。壯也。物體皆壯健也。歲在丁曰彊圉。月在丁曰圉。 又魚枕謂之丁。在頭骨中。形肖篆文个字。

戊 去

音茂。榦名。五行屬土。

莫候切。茂也。萬物皆茂盛也。歲在戊曰著雍。月在戊曰厲。

己 上

音紀。榦名。五行屬土。 又對物而言曰彼己。自己。人己。

居里切。紀也。有定形可紀識也。歲在己曰屠維。月在己曰則。

庚 平

音賡。榦名。五行屬金。同庚。庚帖。

居行切。言物堅強有實也。歲在庚曰上章。月在庚曰窒。 又長庚。太白金星也。 又道也。萬物由其道曰由庚。

辛 平

音新。榦名。五行屬金。酸辛。辛苦。

斯鄰切。新也。萬物成熟。新穀始登也。歲在辛曰重光。月在辛曰塞。 又辛。金味。可以養筋。

壬 平

音任。榦名。五行屬水。僉壬。

如林切。任也。此字宜橫觀。上下物也。中象人擔荷之形。歲在壬曰元黓。月在壬曰終。 又佞人亦曰壬人。

癸 上

規上聲。榦名。五行屬水。

古委切。揆也。冬時水土平。可揆度也。歲在癸曰昭陽。月在癸曰極。

子
上

音梓。十二支之首也。十一月為子月。五行屬水。其蟲鼠。又繼父曰子。子孫。

祖似切。孳也。萬物孳生於下也。上象首。中象臂。小兒之手不能下垂。故上揚也。下象股。一而不兩者。在襁中也。歲在子曰困敦。十一月為辜。

丑
上

音醜。支名。十二月為丑月。五行屬土。其蟲牛。

敕久切。紐也。萬物屈紐未敢出也。歲在丑曰赤奮若。十二月為涂。

寅
平

音夤。支名。正月為寅月。五行屬木。其蟲虎。寅恭。

弋真切。萬物始生螾然也。歲在寅曰攝提格。正月為陬。又敬也。在官以敬為義。故同僚亦曰同寅。

卯
上

音昴。支名。二月為卯月。五行屬木。其蟲兔。點卯。

莫飽切。冒也。萬物冒地而出也。从二戶。象開關之形。門从二戶相向。丣从二戶相背。歲在卯曰閼單。二月為如。

辰
平

音晨。支名。三月為辰月。五行屬土。其蟲龍。時辰。

植鄰切。震也。三月陽氣動。雷電振也。歲在辰曰執徐。三月為寎。又北極謂之北辰。日月五星交會謂之三辰。

巳
上

音似。支名。四月為巳月。五行屬火。其蟲蛇。

洋子切。已也。言陽氣已畢布也。篆體巳與它字形近。故傅會為蛇。歲在巳曰大荒落。四月為余。

午
上

音五。支名。五月曰午月。五行屬火。其蟲馬。端午。

疑古切。忤也。陰氣從下上與陽相忤逆也。歲在午曰敦牂。五月為皋。

未
去

音味。支名。六月為未月。五行屬土。其蟲羊。未來。

無沸切。味也。萬物皆成有滋味也。歲在未曰協洽。六月為且。又與不同。未有即不有也。

申
平

音身。支名。七月為申月。五行屬金。其蟲猴。申報。申江。

失人切。電之古文也。說文訓為神。七月陰氣成體自申束也。引之為屈申之申。歲在申曰涒灘。七月為相。又國名。在今河南南陽府。又春申江。在江蘇上海縣。

酉
上

音牖。支名。八月為酉月。五行屬金。其蟲雞。

以九切。就也。八月黍成可為酎酒也。酉即酒字。象釀器形。中有實也。歲在酉曰作噩。八月為壯。

戌
入

音恤。支名。九月為戌月。五行屬土。其蟲犬。

雪律切。恤也。物當收斂矜恤之也。歲在戌曰閹茂。九月為元。

亥
去

音頦。十二支之末。十月為亥月。五行屬水。其蟲豕。

下改切。荄也。从二。古上字也。从二人。一人男一人女也。从乙。象裹子咳咳之形。歲在亥曰大淵獻。十月為陽。

上（去、上）

音尚。尊位所在曰上。上座。商上聲。自下而上曰上。上樓。

時亮切。高也。从一从丨。丨在一上。引而上行之義也。凡卑所戴者。皆以上稱。如太上君上長上之類。又引申為上升之上。讀時掌切。又與尚通。如上賢上貴。皆有尚義。

下（去、上）

遐上聲。卑位所在曰下。天下。遐去聲。自上而下曰下。下樓。

亥雅切。底也。从一从丨。丨在一下。引而下行之義也。凡居於下者。皆以下稱。如下民下土之類。又引申為下降之下。讀亥駕切。

前（平）

音錢。列於先者曰前。前輩。席前。

才先切。進也。古文从止在舟上。會意。人在舟。則不行自進也。引申之凡已往者皆得曰前。

後（去、上）

音厚。有先之者謂之後。後生。嗣後。厚去聲。退處於後也。

很口切。遲也。彳小步也。幺小也。夊行曳杖也。三者均有遲留之意。故曰後。引申之為前後之後。又轉為為人後者之後。又胡茂切。不敢先而後之也。

左（上）

音佐。以首面北則西為左。左手。左班。

子我切。手相左助也。故上右而下左。如左遷之左是。又手足以右為便。以左為僻。故凡幽猥皆曰僻左。

右（去）

音宥。以首面北則東為右。右手。右堂。

爰救切。佑也。導也。有所引導而又左右之也。故尊右而卑左。凡室之南向者。入則右在東。出則右在西。又手足便右而不便左。故以右為強。如豪右之右。即有強義。

中（去、平）

音忠。不偏之謂中。中國。居中。音妕。恰得其中曰中。中舉。

陟隆切。和也。从口从丨。口象四方。而丨界其中。中者。得四方中和之氣。故訓作和。又陟仲切。矢著其中曰中。亦象形也。

央（平）

音秧。四方之中曰央。中央。未央。

於良切。中也。从大在冂內。取其正中之義。又中者正當其半也。故轉為夜未央之央。

正（去、平）

音征。正鵠。音政。守一不偏之謂正。正直。端正。

之盈切。鵠中也。轉注為中正之正。讀子盛切。假借為正名之正。引以命官。又為樂正司正之正。

側（入）

音昃。偏而在旁曰側。側廂。側陋。

扎色切。不正曰夨。不中曰側。故旁階為側階。旁室為側室。又假借為反側之側。

內（去）

餒去聲。藏於裏者曰內。內外。分內。

奴對切。入也。从冂从入。自外而入也。轉注為內外之內。房室宮禁皆曰內。又五中亦曰五內。

外（去）

歪去聲。見於表者曰外。外國。格外。

五會切。出乎內之界曰外。如外戚外邦之外是。又遠之也。如見外之外是。

表（上）

音裱。見於外者曰表。表裏。鐘表。

彼小切。上衣也。从衣从毛。古者衣裘皆外毛。禮服必加裼衣其上。論語必表而出之是也。故引申為表裏之表。又假借為表準之表。如日表、鐘表、風雨寒暑表皆有表準之義。又下言於上亦曰表。如陳情表是也。

裏（上）

音里。藏於內者曰裏。裏外。巷裏。

兩耳切。衣外曰表。衣內曰裏。引申為裏外之裏。

縱（去、平）

蹤去聲。恣意曰縱。容縱。音蹤。縱橫。

子用切。舍也。亂也。从糸。凡絲舍之則亂。如人寬之則肆也。故引申為放縱之縱。又借為從從者順也。故南與北合亦謂之縱。讀將容切。

橫（去、平）

音黌。不順曰橫。橫木。縱橫。衡去聲。橫行。

胡盲切。闌木也。又東西曰橫。亦曰廣。又借為獷。如橫民、橫議、橫政。皆有獷悍之義。讀戶孟切。

高（平）

音羔。不可攀者曰高。高廳。高大。

古勞切。从古从同。以古為臺觀之形。同者其基址也。故引申為崇高之高。又轉為高明高蹈之高。

低（平）

底平聲。高之對也。低聲。高低。

都黎切。卑下也。又引申為低佪之低。

宇（上）

音禹。上下四方曰宇。廟宇。宇宙。

于矩切。宇羽也。如鳥羽翼自覆蔽也。引申之屋以四簷為宇。國以四垂為宇。

宙（去）

音胄。往古來今曰宙。宇宙。

直祐切。舟車所極覆也。引申之屋之棟梁為宙。

東（平）

音蝀。得日先處曰東。東洋。東風。

德紅切。東方者日出之所。得氣最先。而萬物賴以生動者也。故訓東為動。於時為春。五行屬木。若援西說。地球南北兩極。憑樞旋轉。則東西本無定向。東家之西。實即西家之東也。

西（平）

音粞。東之對也。泰西。西洋。

先齊切。象鳥在巢上也。日在西方而鳥棲。故引申為東西之西。又西方為日入之所。陽氣已衰。陰氣漸盛。萬物俱因以遷落。故訓西為遷。於時為秋。五行屬金。

南（平）

音男。以首面東則右為南。南洋。南斗六星。

那含切。南方者日光旺照之所。得氣最甚。而萬物賴以孳妊者也。妊古作任。故訓南為任。於時為夏。五行屬火。

北（入）

繃入聲。以首面東則左為北。北闕。敗北。

必墨切。象二人相背也。凡人坐立多面明背暗。故以背為北。又北方為日光偏照之所。陽閉而陰甚。萬物皆因以伏藏。故訓北為伏。於時為冬。五行屬水。

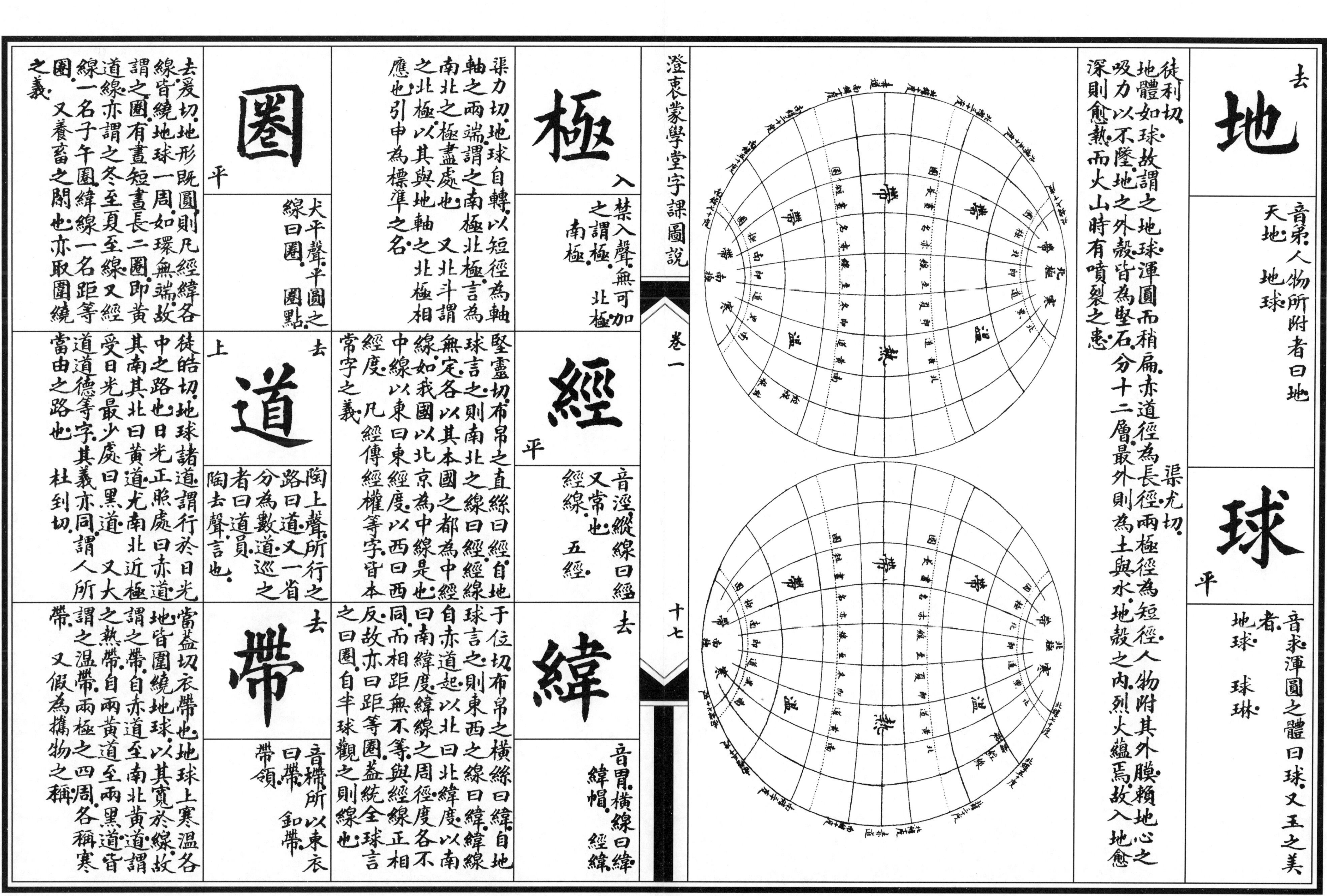

去

地

音弟。人物所附者曰地。天地。地球。

徒利切。地體如球。故謂之地球。渾圓而稍扁。赤道徑為長徑。兩極徑為短徑。人物附其外。膜賴地心之吸力以不墜。地之外殼皆為堅石。分十二層。最外則為土與水。地殼之內。烈火蘊焉。故入地愈深則愈熱。而火山時有噴裂之患。

平

球

音求。渾圓之體曰球。又玉之美者。地球。球琳。

渠尤切。

入

極

禁入聲。無可加之謂極。北極。南極。

渠力切。地球自轉。以短徑為軸。軸之兩端。謂之南極北極。言為南北之極盡處也。又北斗謂之北極。以其與地軸之北極相應也。引申為標準之名。

平

經

音涇。縱線曰經。又常也。五經。經線。

堅靈切。布帛之直絲曰經。自地球言之。則南北之線曰經。經線無定。各以其本國之都為中經線。如我國以北京為中線是也。中線以東曰東經度。以西曰西經度。凡經傳。經權等字。皆本常字之義。

去

緯

音胃。橫線曰緯。緯帽。經緯。

于位切。布帛之橫絲曰緯。自地球言之。則東西之線曰緯。緯線自赤道起。以北曰北緯度。以南曰南緯度。緯線之周徑度各不同。而相距無不等。與經線正相反。故亦曰距等圈。蓋統全球言之曰圈。自半球觀之則線也。

平

圈

犬平聲。平圓之線曰圈。圈點。

去爰切。地形既圓。則凡經緯各線。皆繞地球一周。如環無端。故謂之圈。有晝短晝長二圈。即黃道線。亦謂之冬至夏至線。又經線一名子午圈。緯線一名距等圈。又養畜之閑也。亦取圍繞之義。

上 去

道

陶上聲。所行之路曰道。又一省分為數道。巡道者曰道員。陶去聲。言也。

徒皓切。地球諸道。謂行於日光中之路也。日光正照處曰赤道。其南其北曰黃道。尤南北近極受日光最少處曰黑道。又大道道德等字。其義亦同。謂人所當由之路也。杜到切。

去

帶

音[illegible]。所以束衣曰帶。帶領。釦帶。

當蓋切。衣帶也。地球上寒溫各地。皆圍繞地球。以其寬於線。故謂之帶。自赤道至南北黃道。謂之熱帶。自兩黃道至兩黑道。皆謂之溫帶。兩極之四周。各稱寒帶。又假為攜物之稱。

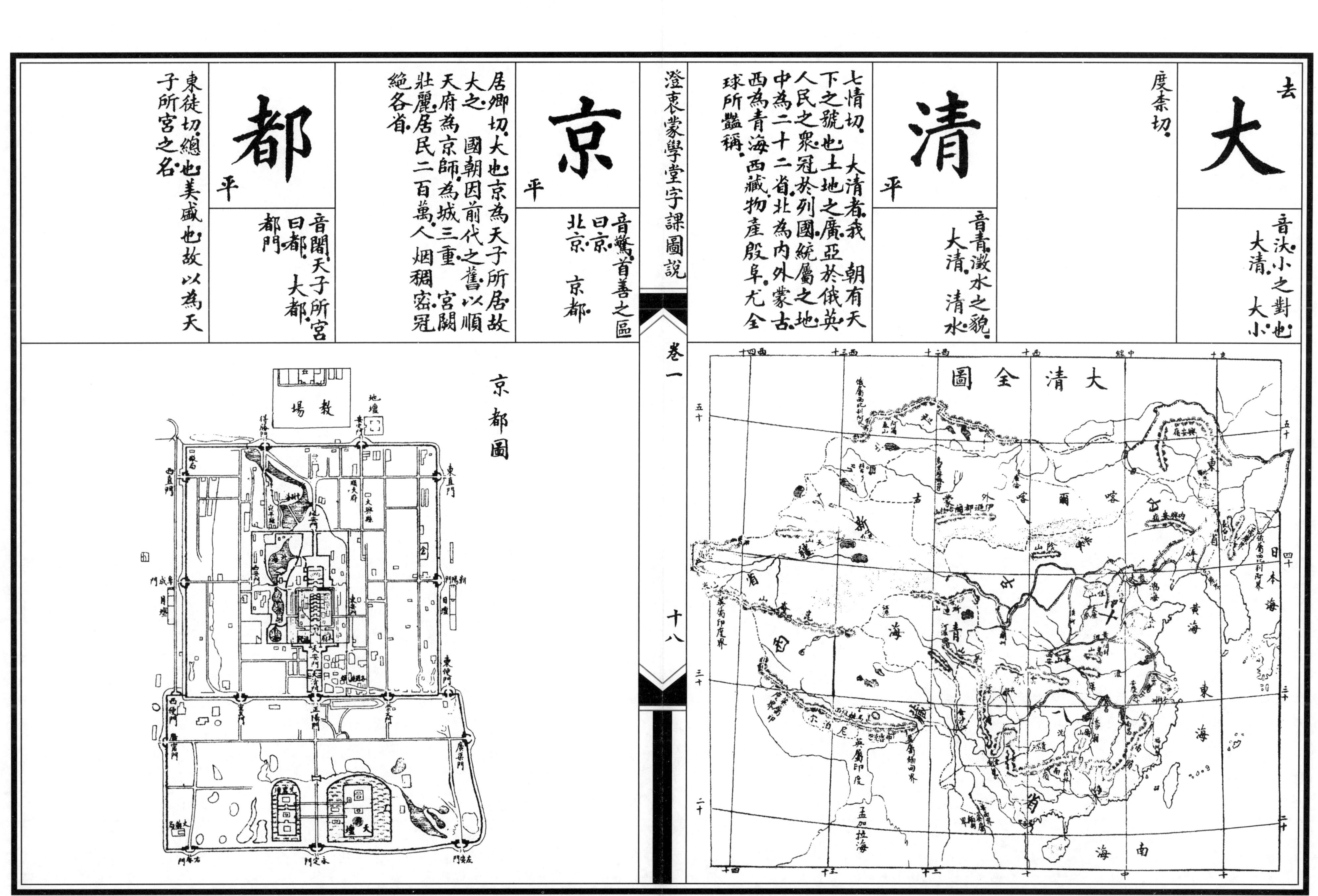

大 去

度柰切。

音汏。小之對也。

大清。大小。

清 平

七情切。大清者，我朝有天下之號也。土地之廣，亞於俄英。人民之衆，冠於列國。統屬之地中為二十二省，北為內外蒙古，西為青海、西藏。物產殷阜，尤全球所豔稱。

音青。澂水之貌。

大清。清水。

京 平

居卿切。大也。京為天子所居，故大之。國朝因前代之舊，以順天府為京師，為城三重，宮闕壯麗，居民二百萬，人烟稠密，冠絕各省。

音驚。首善之區曰京。

北京。京都。

都 平

東徒切。總也。美盛也。故以為天子所宮之名。

音闍。天子所宮曰都。

大都。都門。

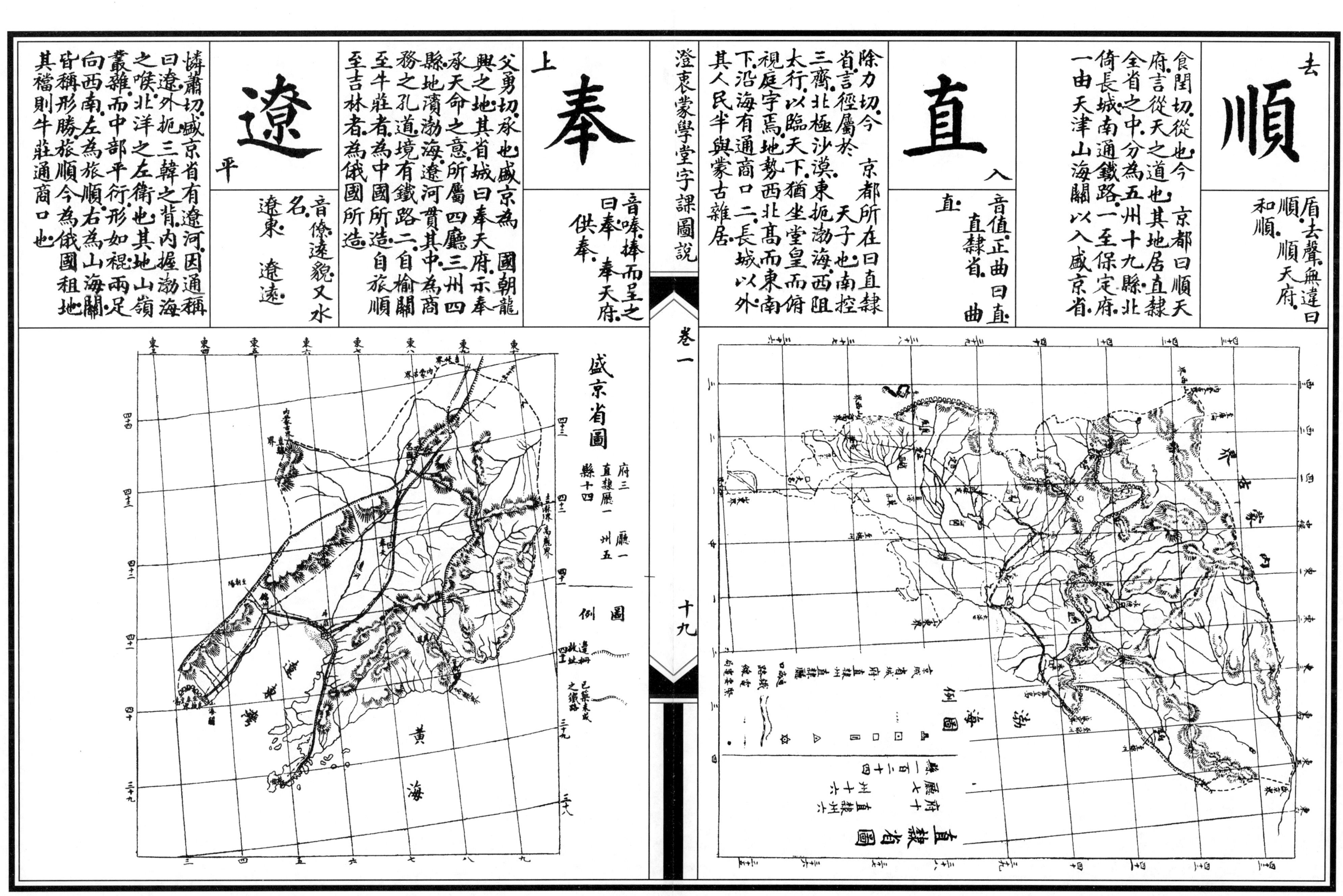

順 去

盾去聲。無違曰順。順天府。和順。

食閏切。從也。今 京都曰順天府。言從天之道也。其地居直隸全省之中。分為五州十九縣。北倚長城。南通鐵路。一至保定府。一由天津山海關以入盛京省。

直 入

音值。正曲曰直。直隸省。曲直。

除力切。今 京都所在曰直隸省。言徑屬於 天子也。南控三齊。北極沙漠。東扼渤海。西阻太行。以臨天下。猶坐堂皇而俯視庭宇焉。地勢西北高而東南下。沿海有通商口二。長城以外。其人民半與蒙古雜居。

奉 上

音唪。捧而呈之曰奉。奉天府。供奉。

父勇切。承也。盛京為 國朝龍興之地。其省城曰奉天府。示奉承天命之意。所屬四廳。三州。四縣。地瀕渤海。遼河貫其中。為商務之孔道。境有鐵路二。自榆關至牛莊者。為中國所造。自旅順至吉林者。為俄國所造。

遼 平

音僚。遼貌。又水名。遼東。遼遠。

憐蕭切。盛京省有遼河。因通稱曰遼。外扼三韓之背。內握渤海之喉。北洋之左衛也。其地山嶺叢雜。而中部平衍。形如視兩足向西南。左為旅順。右為山海關。皆稱形勝。旅順今為俄國租地。其襠則牛莊通商口也。

吴 平

音吾。國名。吴門。東吴。

午胡切。古以吴郡吴興會稽為三吴。江蘇省即吴郡地也。扼大江之門戶。當南洋之要衝。物產沃饒。財賦半天下。其通商口岸沿海者一。長江二。內地一。有鐵路自上海至吴淞。運河自浙江來。絕大江而北。入山東境。

蘇 平

音蘇。藥名。又死而更生曰蘇。紫蘇。江蘇。

素姑切。蘇州府。古吴都。有姑蘇山。今為江蘇省會之一。光緒甲午以後。闢為內地通商口岸。人稠地沃。世所豔稱。

皖 平

音桓。地名。皖南。皖北。

胡官切。古皖國。在今安徽境。故通稱安徽省曰皖。省會在安慶府。地處吴楚之交。而長淮南北為中原形勝所係。尤有事所必爭。境內險隘多山。而大江以南物產饒衍。有長江通商口岸一。

徽 平

音揮。美也。各國旗號曰國徽。又州名。徽號。安徽。

許歸切。徽州在安徽全省之東南。省稱安徽者。安慶府與徽州府之合稱也。

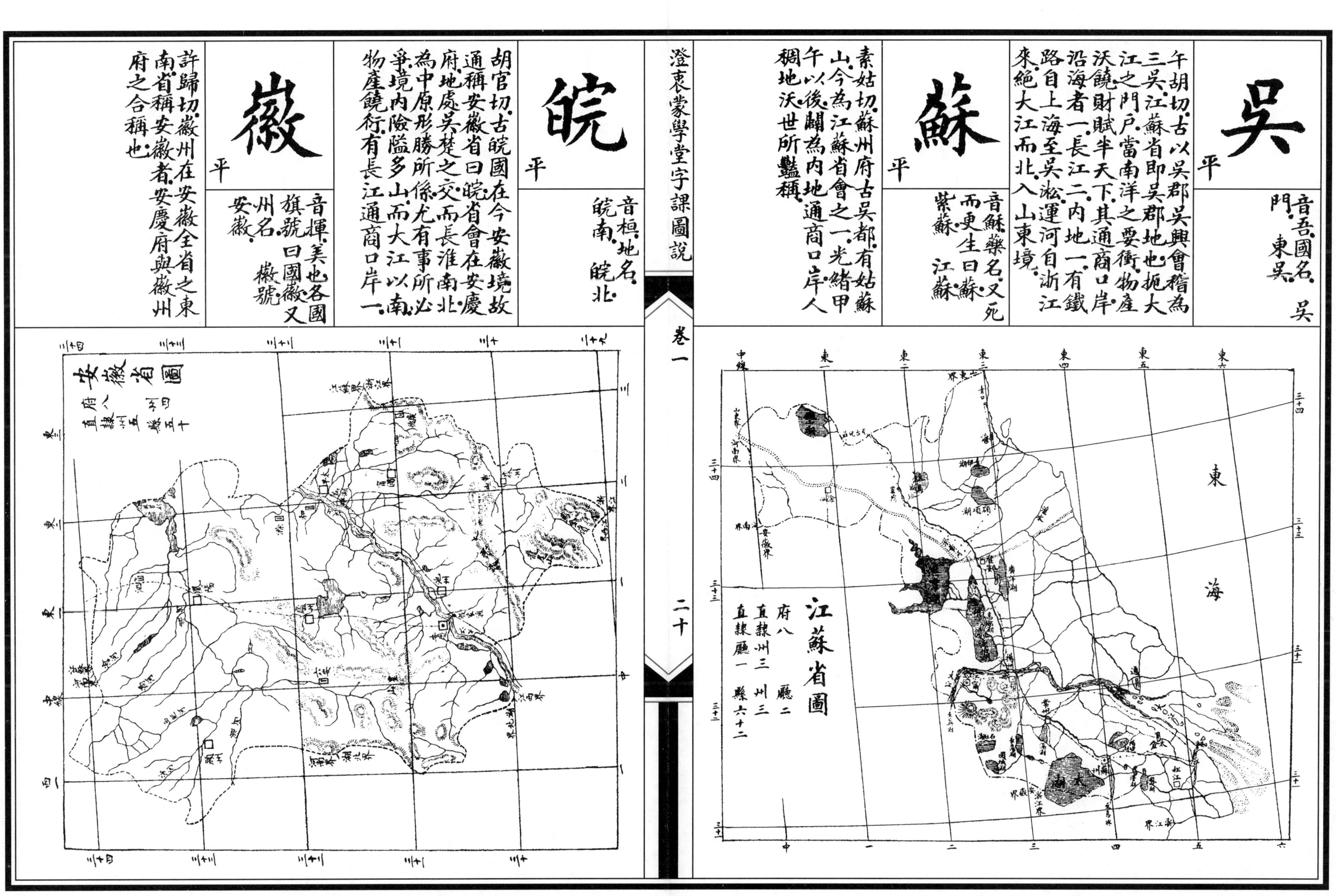

章 平

音彰。斐然有文曰章。　文章　章門

諸良切。樂竟為一章。因假為章句之章。古豫章郡。即今江西省。南扼五嶺之脊。西銜衡湘之腰。山嶺四環。大川中貫。北滙為鄱陽湖。復北入江。湖之南為省城南昌府。湖之北則其通商口岸也。

贛 去 貢

音貢。水名。亦作貢。獻也。　贛江　進貢

古送切。贛江出豫章郡。今江西南境贛州府也。水有二源。東曰貢江。西曰章江。合而北流。是謂贛江。此江首尾不出一省。而支派幾及全境。故江西以章贛並稱。

浙 入

音折。水名。俗名錢塘江。　閩浙　浙江

之列切。因其江流曲折。故謂之浙江。今因以名省。沿海島嶼棋布。港汊深通。衢州當三省之衝。水陸設防。均極重要。迤南諸地頗稱山瘠。餘則蠶桑之利。甲於天下。有通商口三。沿海者二。內地一。即省城杭州府也。

越 入

音粵。踰而過之曰越。又國名。　僭越　越東

王伐切。今浙江境多係越王句踐故地。故浙江亦稱越。紹興府其故都也。

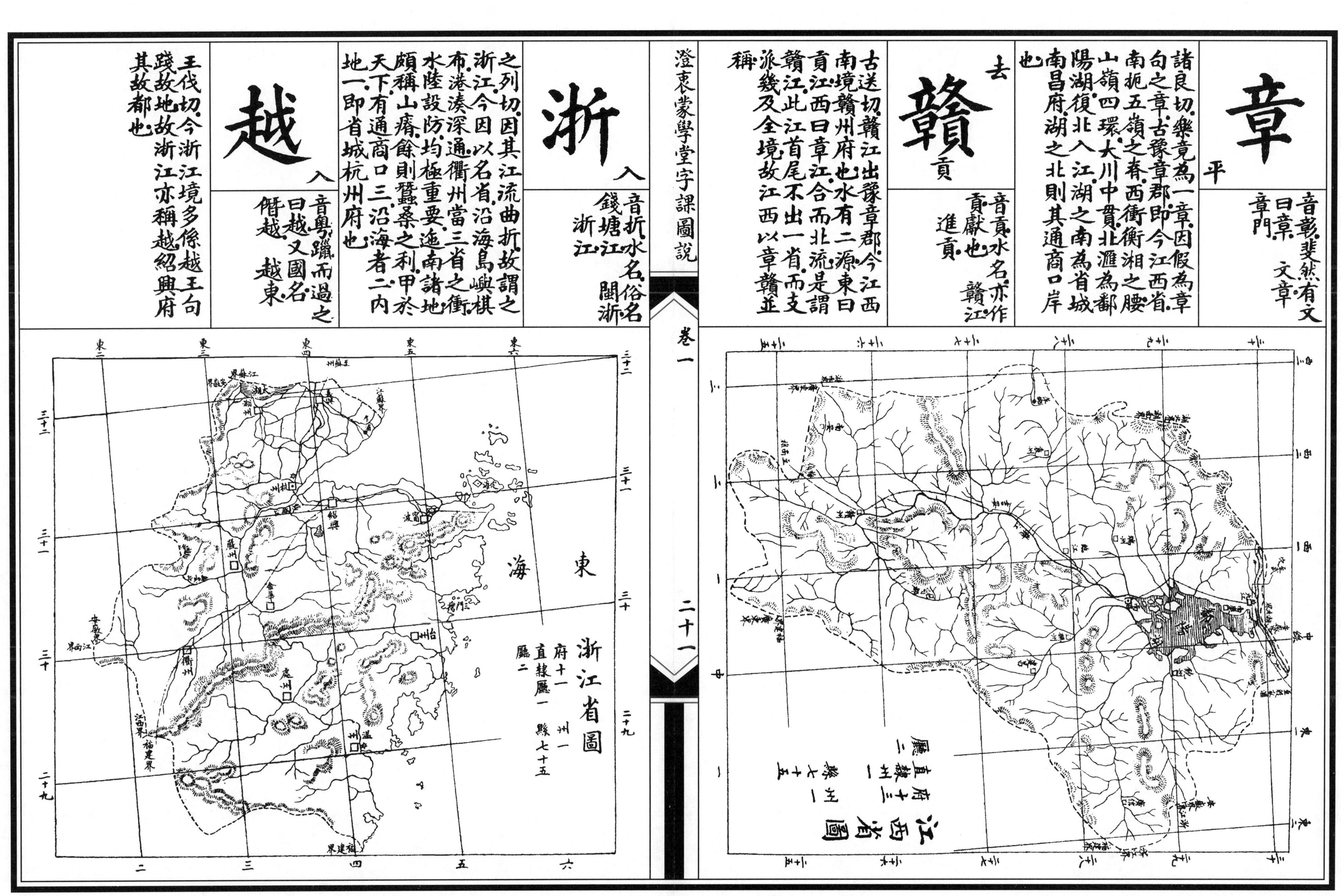

閩　平

音珉。地名。閩浙。八閩。

眉貧切。東越人種族之名。其地即今福建省。握南洋之中權。聯浙粵為指臂。內地萬山稠疊。當南嶺之尾。沿海諸地氣候平和。有通商口三。逾海而東即臺灣及澎湖羣島也。

建　去

鍵去聲。人力所創曰建。建立。又地名。福建。

居萬切。福建古附浙東。繼設建安郡。於此後省稱建州。今稱福建省者。以省城福州府。合建寧府而名之也。建寧即古建州地。

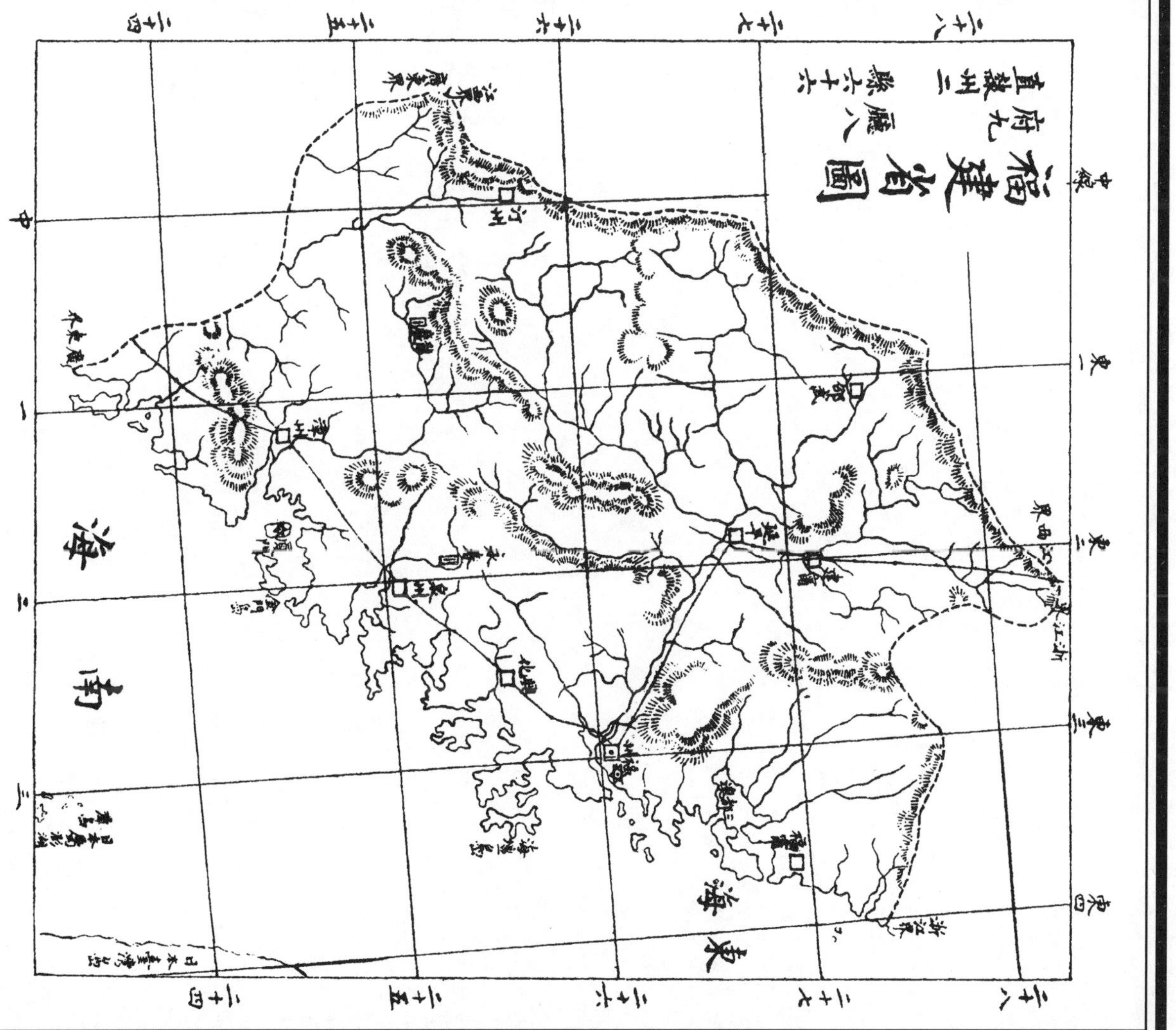

楚　上

粗上聲。叢木也。又國名。楚漢。吳楚。

創阻切。湖北省古皆楚地。西扼巫歸之天險。東據吳皖之上游。荆襄隨鄖。北臨中原。自古為用兵之地。南洋之後勁。天下之中樞也。地形四圍多山。礦產甚富。馬鞍山之煤。興國大冶之鐵。其著者也。所屬有通商口岸三。

鄂　入

音諤。地名。鄂渚。

五各切。今湖北省城武昌府。即楚之鄂也。武昌當江漢滙流之口。與漢陽府及漢口鎮。夾江對峙。陸當七省之衝。水為大江之鎖鑰。自古稱險要。漢口一埠。商務要津。長江上下游第一大口岸也。

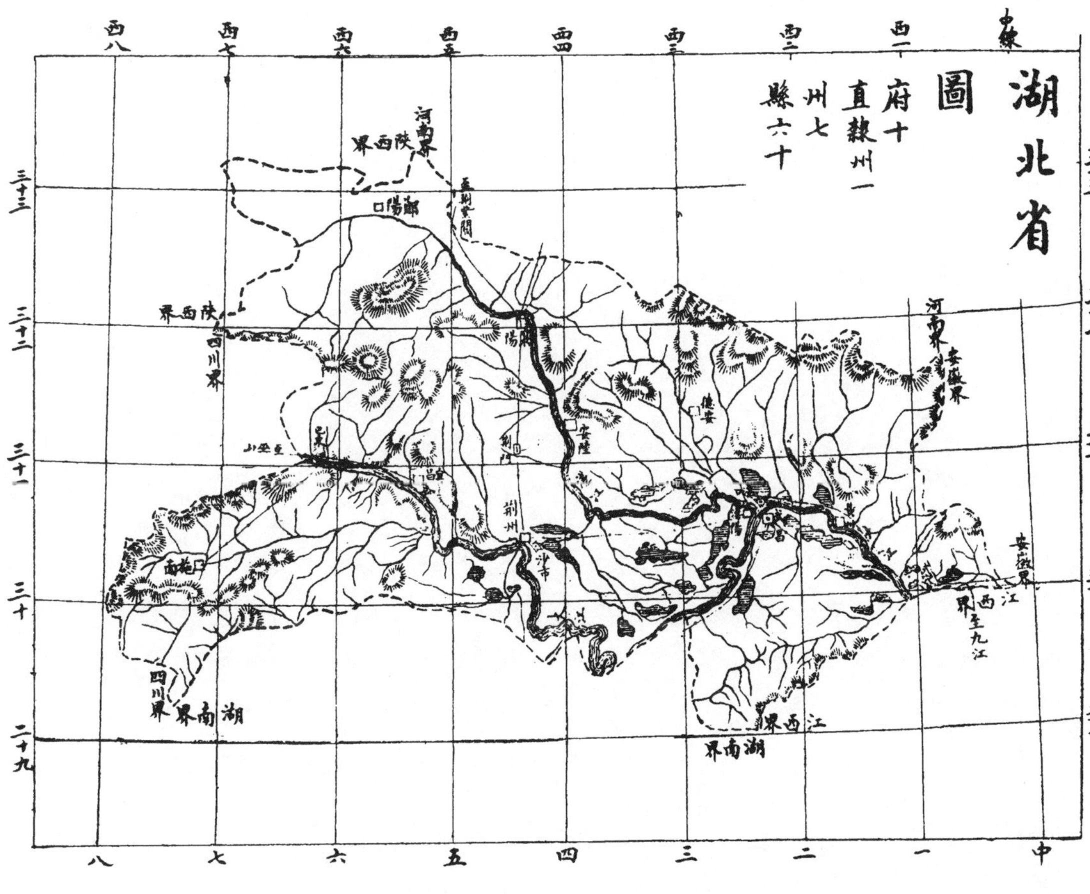

福建省圖

府九　廳八　直隸州二　縣六十六

湖北省圖

府十　直隸州一　州七　縣六十

湘

平

音襄。水名。湘
湘省。蓮

息良切。今湖南省城長沙府古湘州也。西扼黔滇之喉。南拊兩廣之背。衡山中峙。洞庭北趨。洞庭自岳州府入江處。即新闢之通商口也。

沅

上

平

音元又音阮。水名。
沅江

愚袁切。又五遠切。沅水貫湖南全省之西北。其西苗猺雜居。湖南未列行省時。設偏沅巡撫於此。其地山嶺險峻。箐林叢密。古稱險地。今則民情安謐。防務解嚴矣。

豫

去

音預。凡先事而籌之者曰豫。悅豫。豫備。

羊茹切。古豫州為今河南省地。北阻太行。西扼崤函。大河東西橫貫之。古稱諸夏。為羣雄角逐之地。地形迤東較平。而物產不阜。以地處各省之中。故亦稱中州。

汴

去

音卞。水名。汴渠。

皮變切。古之大梁。亦曰汴州。即今河南省城開封府也。故名汴梁。

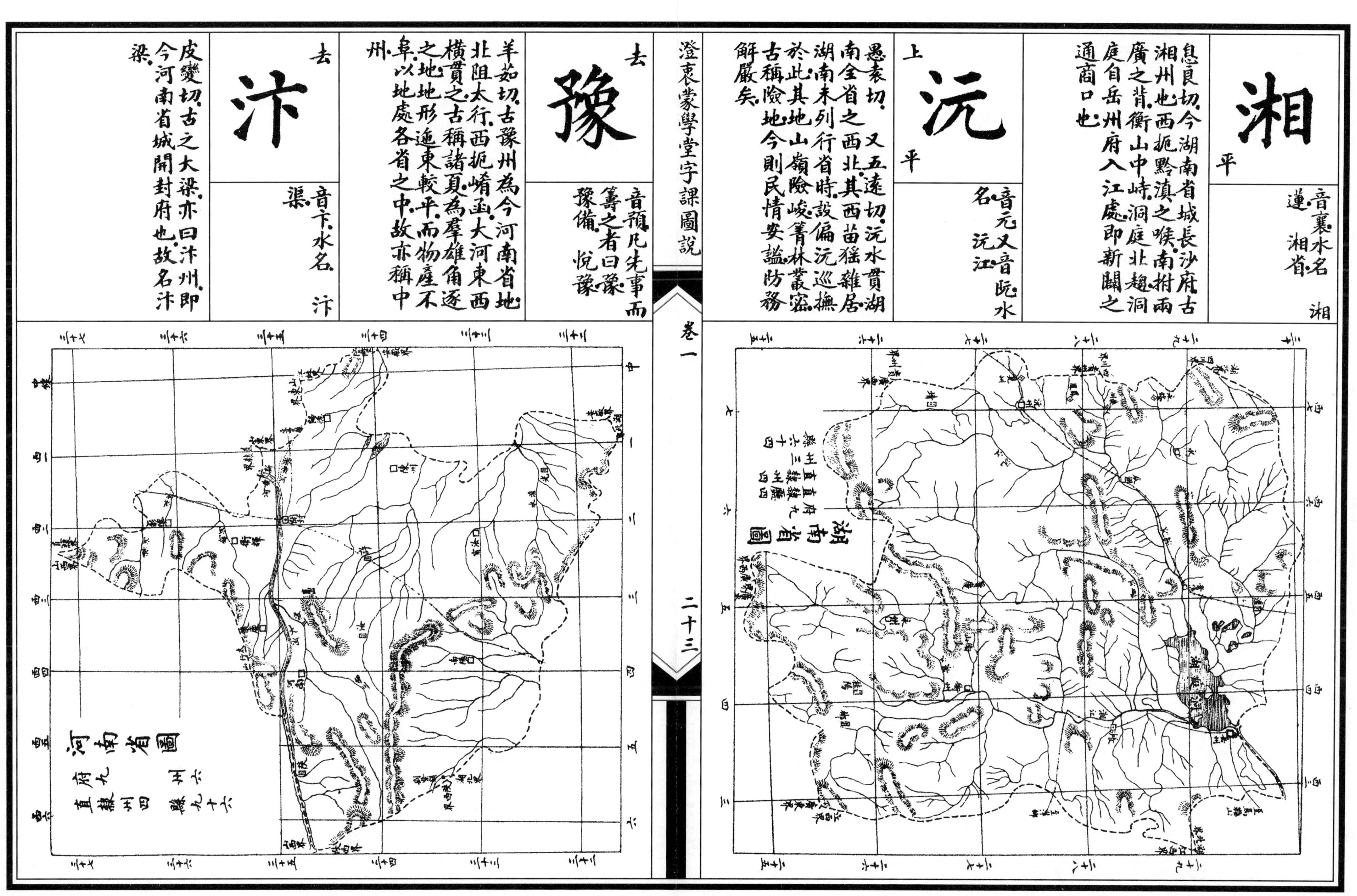

齊 平

音臍。整飭曰齊。又國名。齊東。整齊。

徂兮切。齊國在今山東省境。故通稱山東曰齊。東半陸入海中。登州府城斜對盛京之旅順。而有羣島以聯絡之。遼海之門戶。北洋之右衛也。沿海有通商口一。登州府之威海衛。萊州府之膠州灣。為英德二國租地。

兗 上

沿上聲。州名。兗州。

以淺切。今山東省地。皆古兗州境也。黃河自西南來。斜貫全省以入海。兗地夙稱卑下。常以潰決為患。又兗州府之曲阜縣。為至聖先師孔子故里。有孔林則孔子之墓也。

晉 去

音進。進也。又國名。晉陽。三晉。

即刃切。古晉國在今山西省境北。以雲代控朔漠。南以太行扼中原。左山右河。古號雄都。境內迤東迤南。皆連山峻坂。因省地在羣山之西。故稱山西。民俗殷厚。誠輿區也。

汾 平

音濆。水名。汾酒。汾陽。

符分切。汾水發源於山西省之北境。經省城太原府西南入河。為山西境內之大川。其支幹所經。皆成沃壤。

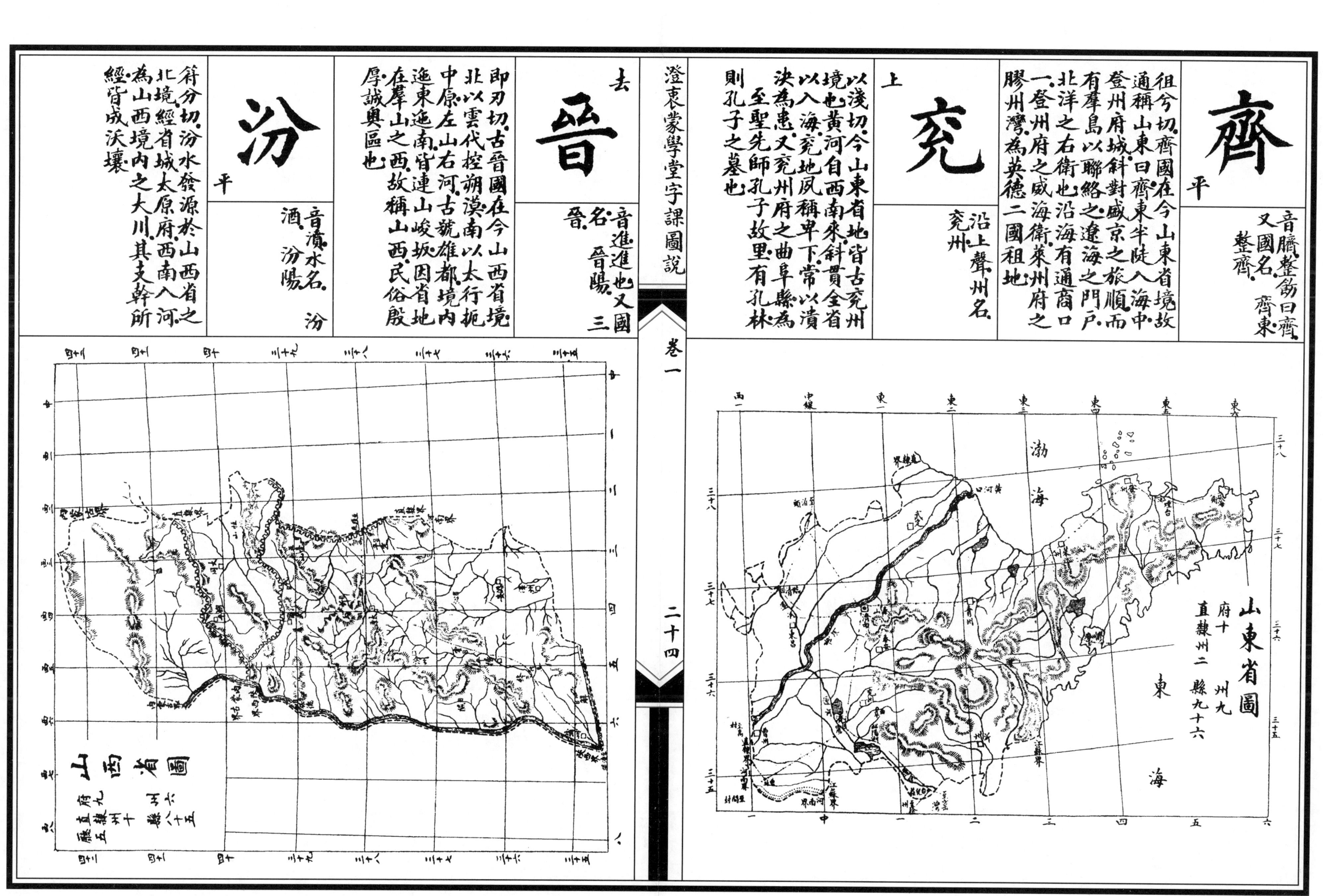

陝 上

音閃。地名。陝西。川陝。

失冉切。周成王時，周公治陝以東，召公治陝以西。蓋以陝爲分界處。今省稱陝西，即召公所治也。其地自古爲帝王之宅，周以龍興，秦以虎視，自漢以後，皆稱關中。誠天府之雄也。而新疆、隴、蜀，尤必以此爲咽喉。

秦 平

音秦。國名。秦晉。三秦。

慈鄰切。今陝西省，皆秦國地。地宜禾，故字從禾。古稱上腴。歷代都之。長安繁富，甲於天下。今省城西安府，即長安也。

甘 平

感平聲。甜也。甘蔗。甘肅。

古三切。今甘肅省，以古有甘州名。北鄰大漠，西控羣番。蒙回雜居，撫治不易。境内人稀地瘠，民食不敷。其西之西寧府，爲控馭青海之要地。東境與陝西分界處有隴山，故亦稱隴西。

肅 入

音宿。嚴敬曰肅。肅靜。又州名。甘肅。

蘇谷切。今省稱甘肅者，合甘州府與肅州以名之也。肅州在省之西北，當嘉峪關進口之衝，爲中俄陸路通商處。

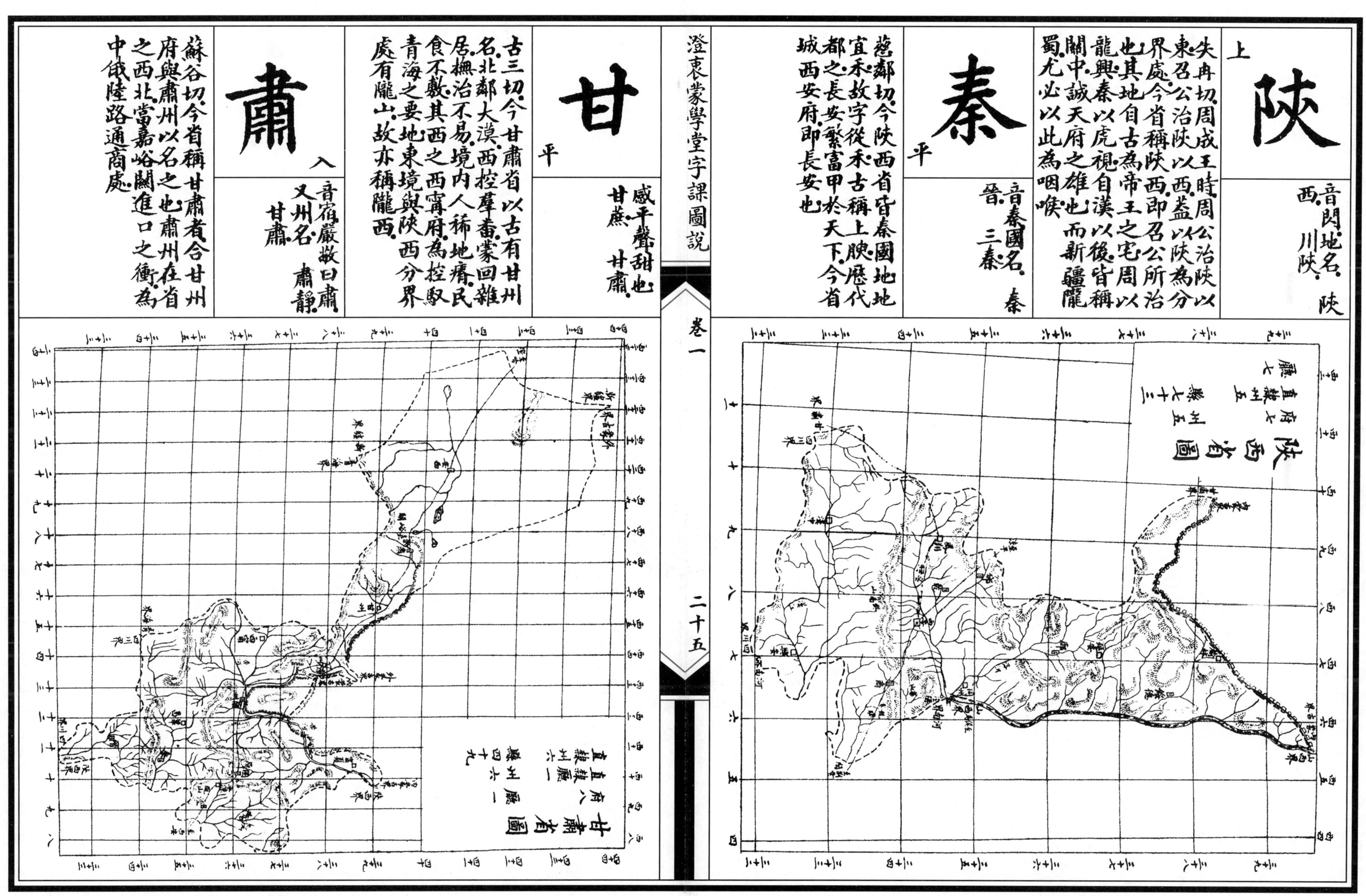

新

平

音辛。舊之對也。新疆。翻新。

息鄰切。甘肅之西北曰新疆省。西北距俄。東北控制蒙古。南鄰衛藏。東南包青海。與甘肅省一綫相通。其地迤東多沙漠。天山南北則皆上腴。南境之和闐州產玉最著。省會在迪化府。而伊犁府為極西北之重鎮。

疆

平

音薑。邊界曰疆。疆界。邊疆。

居良切。新疆一省。夙稱化外。國朝乾隆時。始撫有其地。光緒十一年始列行省。故稱新疆。其地本蒙古厄魯特部。而迤南則回教人所居。自立省會後。華人紛至。日見繁盛。

川

平

音穿。江河之總名。四川。山川。

昌緣切。今陝西之南稱四川省者。以境內有岷江。沱江。嘉陵江大渡河四大川。因以為名也。北據劍閣之險。東扼三峽之衝。西南控制羣番。遥應衛藏。四塞之國。西陲之重鎮也。轄地之廣。冠於各省。惟迤西多未開闢。

蜀

入

音屬。地名。蜀中。西蜀。

市玉切。漢蜀郡。即今四川省會成都府也。自古稱上腴。產米最盛。大江發源於省北之岷山。經成都而南。與金沙江合。始稱大江。大江以南。產鹽於井。汲水煎之。異於沿海所屬。有通商口一。

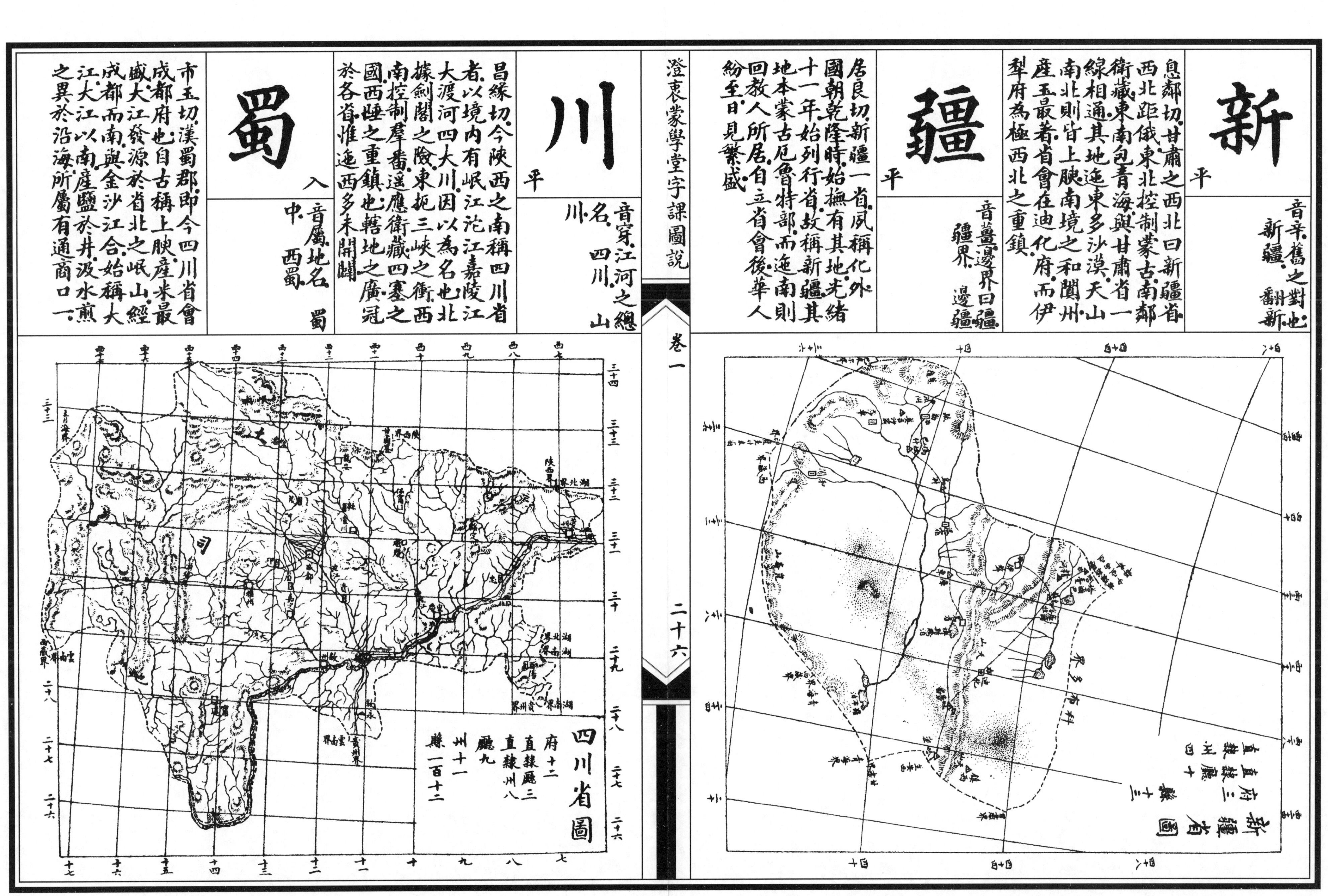

粵 入

音越。發語辭。又地名。粵東。閩粵。

王伐切。廣東省為古百粵之地。北倚五嶺。南臨大洋。地形單薄。延長為邊。南各省之屏障。去南洋諸島最近。通商最先。所屬有通商口六。廣州之澳門。惠州之香港。今為葡英兩國屬地。廉州之廣州灣。為法國租地。

瓊 平

音煢。玉之紅色者。又島名。瓊州。瓊瑤。

渠瑩切。唐州名。今仍之。為廣東通商口岸之一。全境孤懸海中。合赤溪廳為一島。沿海皆沃壤。中境則峙以大山。峰嶺峻削。人迹罕至。有黎人居其間。亦苗猺番族之類。而無土司。

桂 去

圭去聲。冬榮之樹也。其花俗名木樨。桂花。桂林。

古惠切。桂木產於廣西。故省城稱曰桂林。全省通稱曰桂。西北鄰滇黔。東北扼湘楚。左臨東粵之上游。南瞰法屬之安南。境內苗猺雜居。土司林立。蓋厥性獷悍。不能治以流官。故官其渠魁以鈐轄之也。所屬有通商處二。

廣 上

光上聲。闊大貌。又地名。兩廣。廣狹。

古晃切。古稱兩廣為廣南。後分為二。曰廣南東道。廣南西道。今謂廣東廣西者。其省文也。

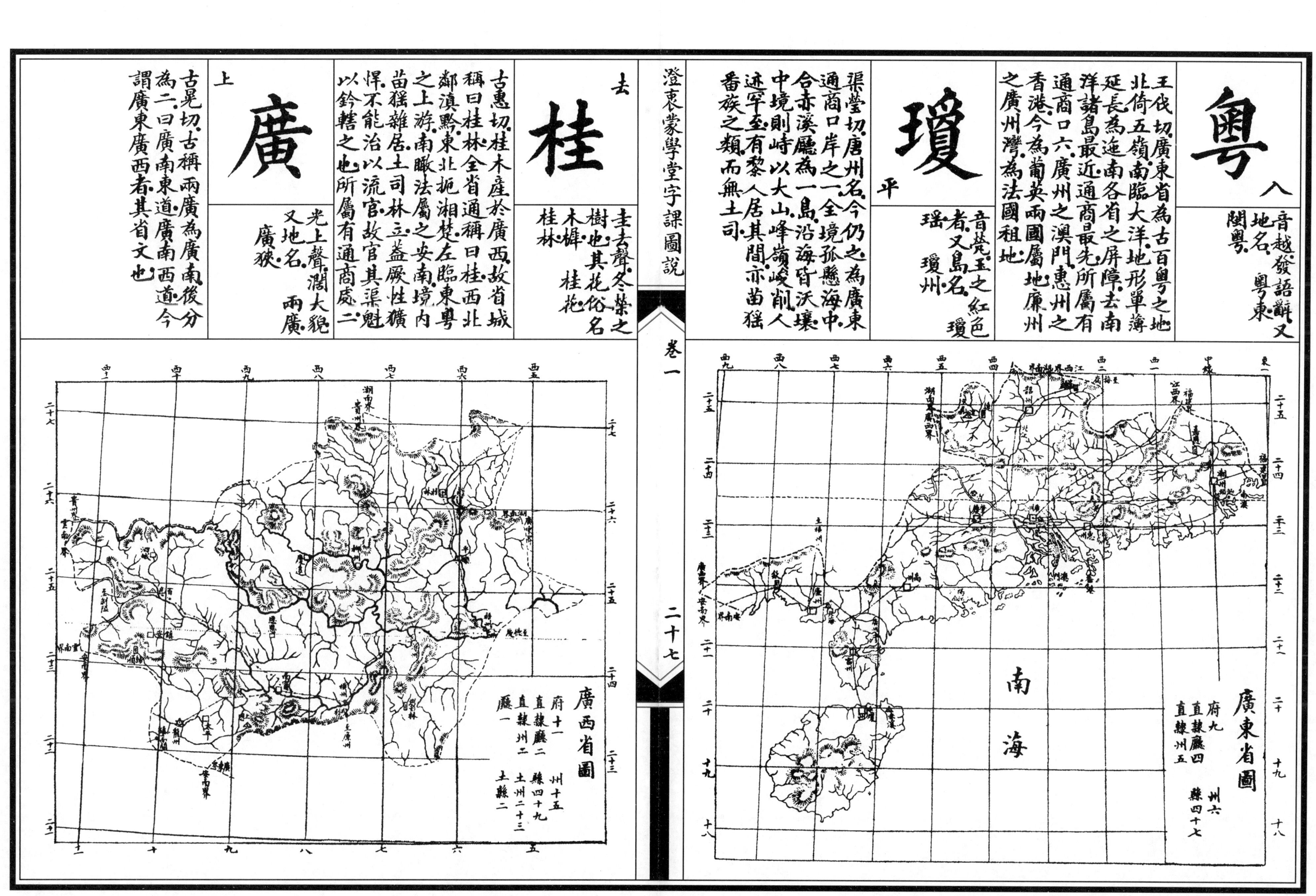

滇 平

音顛。池名。滇南。黔滇。

都年切。滇池在雲南，因以名省。西南界英屬之緬甸，東南距法屬之安南，控制三邊，鎮攝蠻族。疆域之廣，亞於四川。省會曰雲南府，所屬有通商之地三。楚雄府屬有鹽井，產鹽甚富，略同川省。

梁 平

音良。水上之橋曰梁。又承屋之橫木也。橋梁。棟梁。

呂張切。雲南本禹貢梁州之境。漢武帝時，有慶雲見於梁州，在今省之北境，始稱其地曰雲南。

貴 去

音餽。賤之對也。富貴。貴州。

居胃切。唐有貴州，今因以名省。南倚滇粵，北控巴東，羣苗所宅。土壤瘠薄，兵餉民食，仰給鄰封。境內多鉛礦，然開採亦未盛也。

黔 平

音鉗。黑色也。黔首。黔南。

其淹切。貴州北境，古為楚國黔中地，故貴州亦稱黔南。

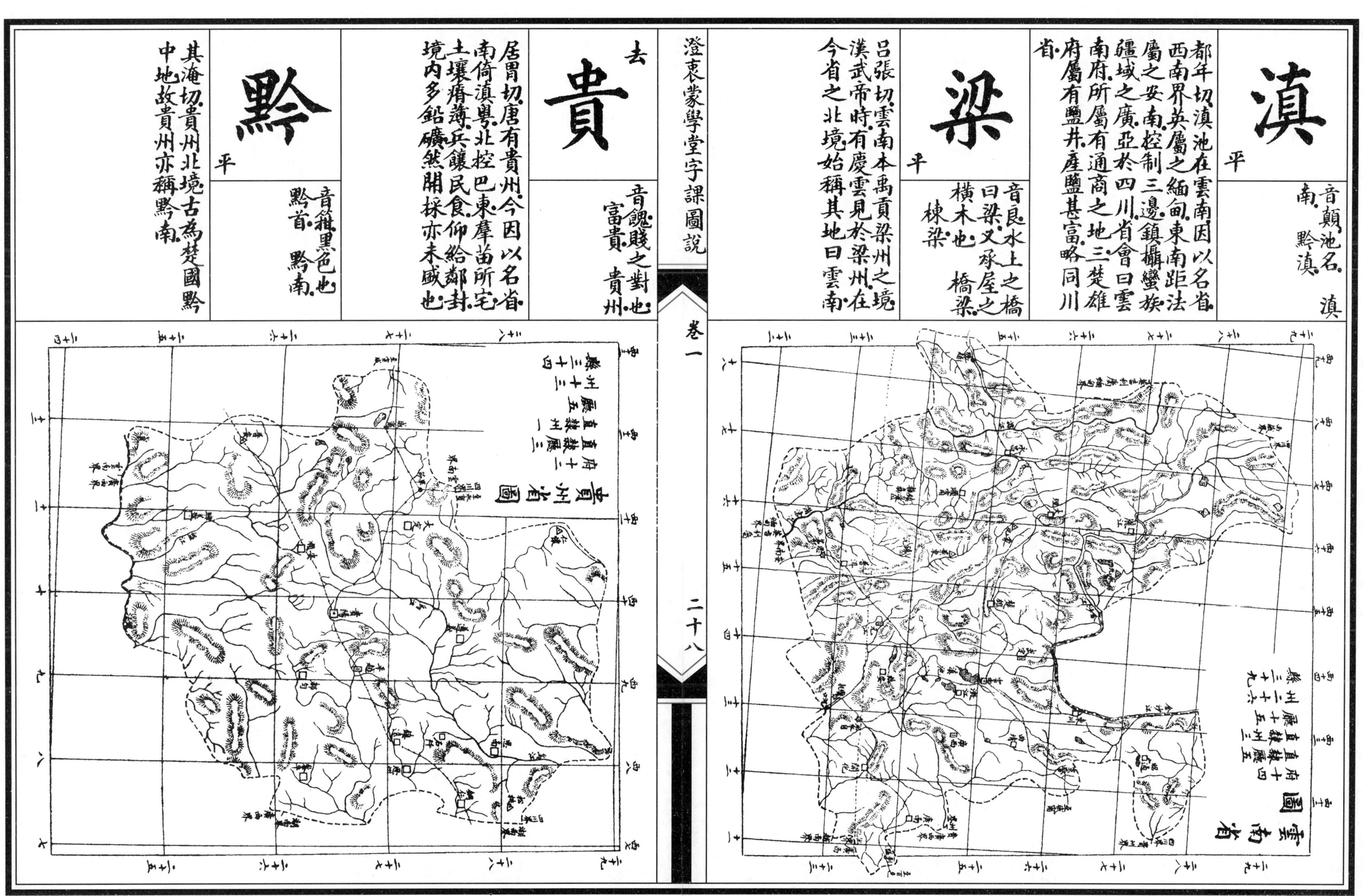

吉

入

音拮。禮義順祥曰吉。吉祥　吉林

居質切。吉林省在盛京東北，省會曰吉林府，有寧古塔，為國朝發祥最初之地。外控俄疆，內屏遼瀋，邊境實首衝也。其地多連山大嶺，長松千尺，彌望皆是。俄人築鐵路於境內，南達旅順，北由黑龍江入俄境，工尚未成。

林

平

音臨。叢木曰林。樹林

力尋切

黑

入

音潶。五色之一。黑白　黑龍江

迄得切。火所熏之色也。黑龍江省以北界有黑龍江得名。省會曰齊齊哈爾。地氣苦寒，山勢險峻，民健善戰。據俄國東海濱省之上游。省之西北有漠河金礦，極富。吉林、黑龍江二省合諸盛京省，通稱曰滿洲。

省

上

辯上聲。行省曰省。又節省也。省儉　省察

息井切。臺省，本官署之稱。今通稱曰省者，元設行中書省於四方，簡言之曰行省，又簡之曰省也。如盛京、吉林、黑龍江總稱東三省，直隸、兩江、陝甘、兩湖、兩廣、閩浙、雲貴、四川及山東、山西、河南總稱曰十八省是也。

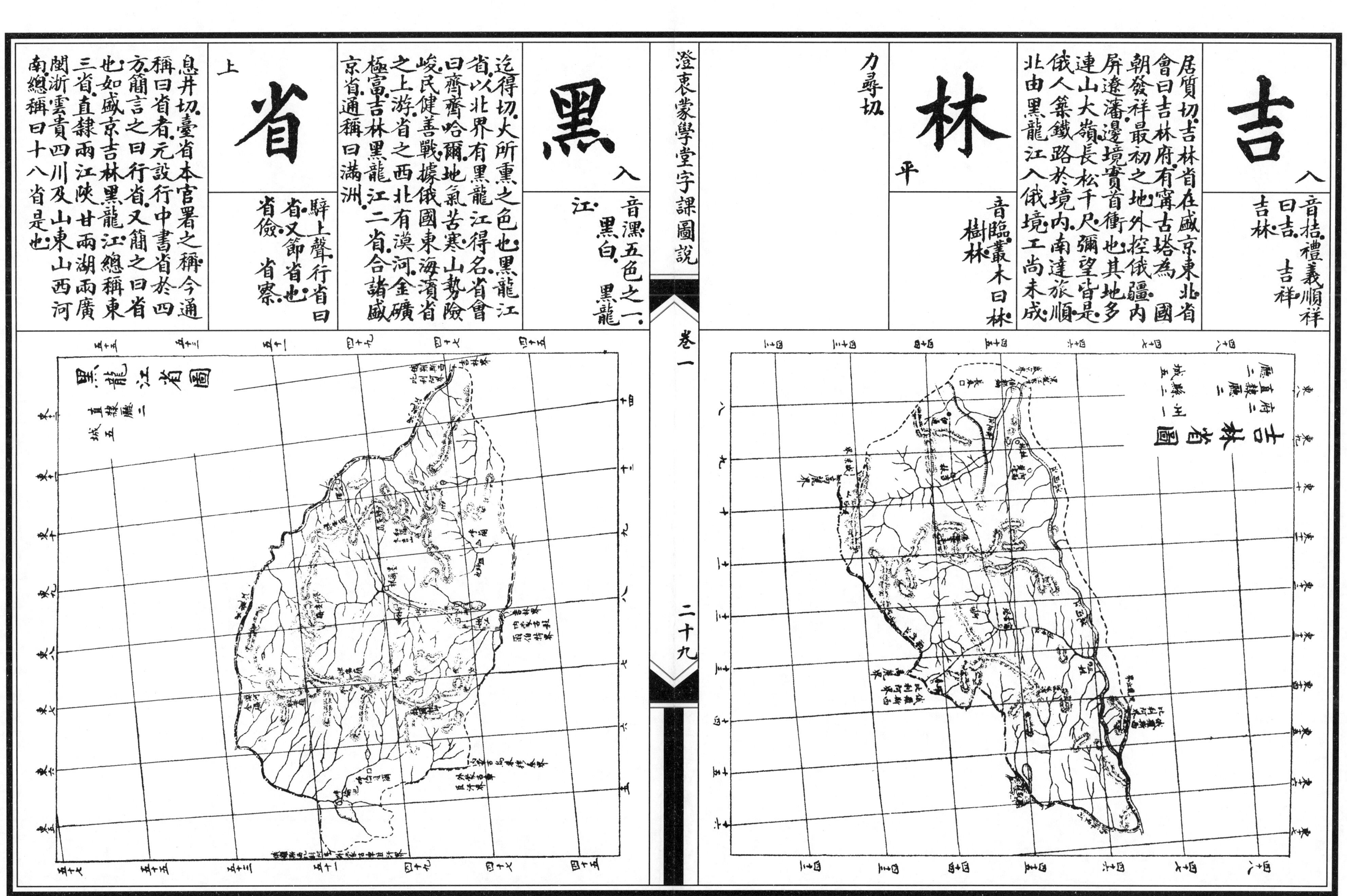

蒙

平

音濛。微昧闇弱之名。又國名。童蒙。蒙古。

莫紅切。蒙古本名蒙兀。元先世部族之名也。自元太祖吞并西域。種族遂蕃衍於中亞。今之蒙古。環中國之北陲。為內地之屏蔽。北距俄境。分界處峙以連山。內外蒙古之間。限以大沙漠。謂之瀚海。烏里雅蘇臺。科布多。庫倫。為其都會。與俄通商之地。

古

上

音鼓。前於今者曰古。上古。古人。

公戶切。

海

上

音醢。小於洋者曰海。青海。海外。

許亥切。衆水之所歸曰海。青海蓋以境內有青海得名。地在甘肅西。部落有四。統於西寧辦事大臣。黃河及金沙江之源。皆在其境。人稀地廣。以遊牧為業。濱青海處。較稱饒沃。其餘則寒瘠多山。

藏

平

音鑶。匿也。收藏。

去

音臟。藏物之所。寶藏。西藏也。

徂郎切。才浪切。西藏共分四部。曰康。即前藏。曰衛。即中藏。曰藏。即後藏。曰阿里。則在極西。屬城七十三。以拉撒扎什倫布為大都會。統於辦事大臣及幫辦大臣。其民篤信喇嘛。奉達賴及班禪為教主。南鄰印度。亦首衝也。

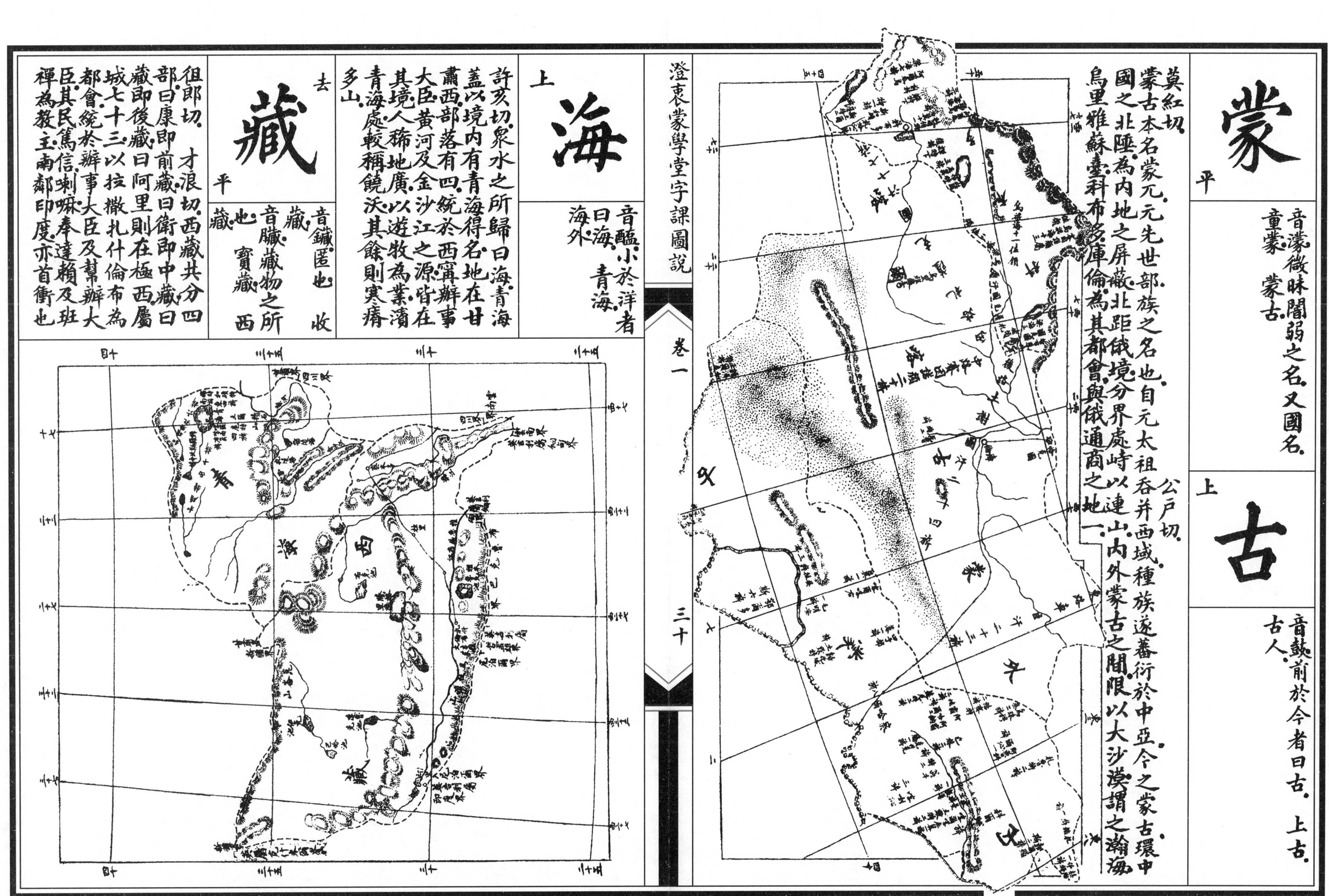

亞 去

鵶去聲。凡次於最者曰亞。今洲名。亞旅。亞西亞。

衣駕切。亞西亞。安息之長音也。本土耳其地。歐人東來。凡地之在其東者。皆謂亞西亞。遂以名洲。亞西亞在五洲中為最大。三面環海。西接歐羅巴。以烏拉嶺烏拉河及高加索山為界。綜其方積約千七百萬五千英里。為國五。曰大清。曰日本。曰高麗。曰暹羅。曰波斯。又尼泊爾及布魯克巴。亦稱自主。半主者四。曰安南。曰愛烏罕。曰俾路之。曰阿拉伯。俄屬之布哈爾。亦尚存虛名。其他若印度。若緬甸。若西比利阿。若中亞西亞諸回部。皆夷為屬地矣。全洲人口約七萬四千六百萬。開闢最早。夙以文化甲五洲。近百年俄雄於北。英競於南。法據安南。德義亦覬覦其側。喧賓奪主之勢。駸駸盛矣。

歐 上 平

音毆。與嘔同。吐也。歐逆。音鷗。歐陽。歐羅巴。

烏后切。烏侯切。歐羅巴洲在五洲中為最小。東接亞洲。餘皆環海。約計僅四百萬英方里。為國十九。曰俄羅斯。曰英吉利。曰法蘭西。曰德意志。曰奧斯馬加。曰義大利。曰瑞士。曰西班牙。曰葡萄牙。曰荷蘭。曰比利時。曰瑞典。曰那威。曰丹馬。曰土耳其。曰希臘。曰羅馬尼阿。曰布加利阿。曰塞耳維阿。曰門的內格羅。又義大利境內之森馬利諾。法蘭西境內之摩納哥。法蘭西西班交界處之恩道拉。壤地皆不過數十里。而亦稱自主。全洲人口約三萬五千三百七十五萬五千。民風堅毅。權勢獨雄。列強相持。莫敢先發。其尤強者。推俄英法德四國云。

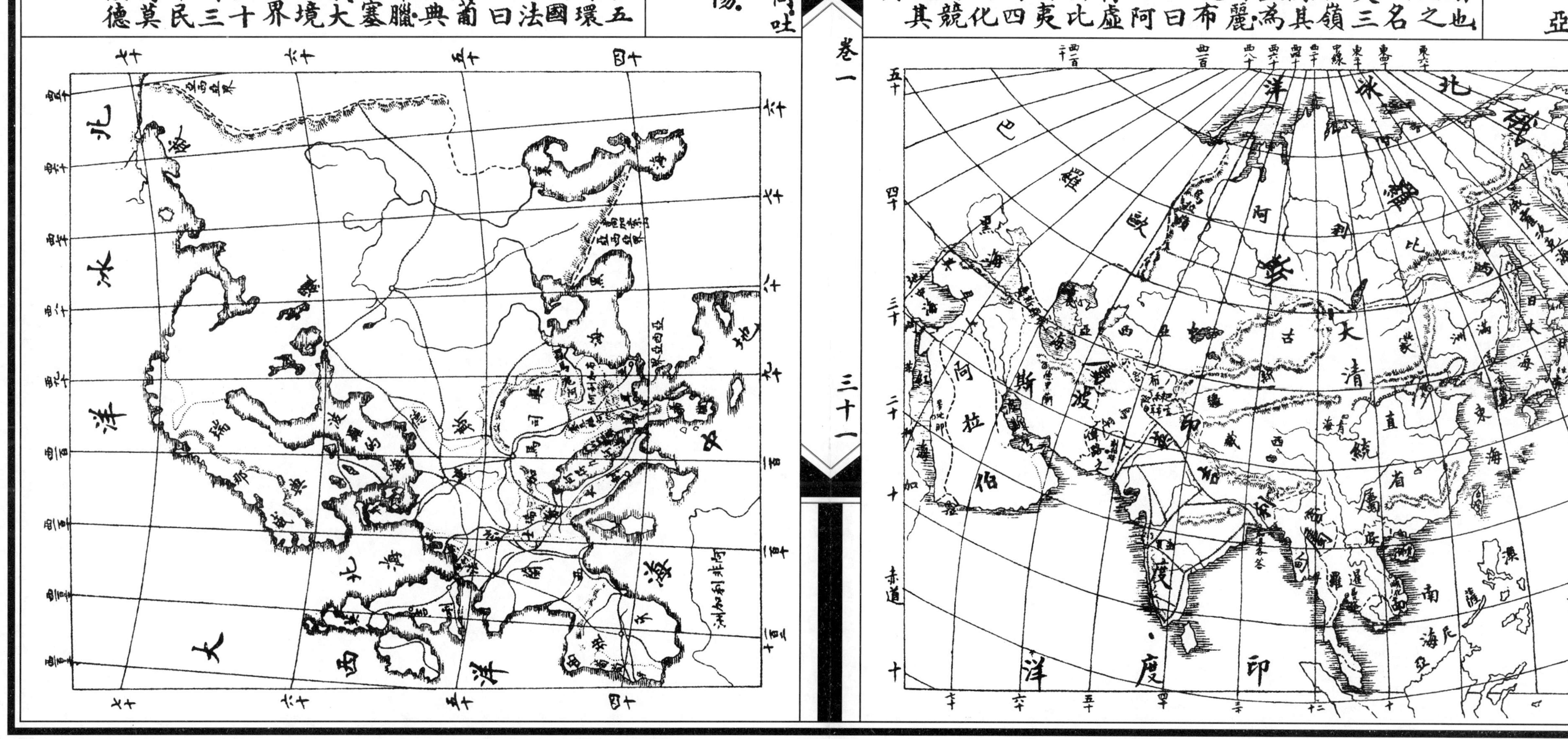

非

平

音飛。反是曰非。引申為非謗之
非。今洲名。是
非。阿非利加。

甫微切。阿非利加洲。四圍濱海。惟東北隅連一線於亞洲。今法人鑿為蘇彝士河者是也。全洲共一千二百萬英方里。埃及開化最早。迤南地當赤道。炎熇荒陋。歐洲羣雄競割裂之。其粗足自立者曰摩洛哥。曰特蘭斯伐耳。曰奧倫治。其受人保護而自理內政者。曰康果。曰埃及。曰的利波利。曰阿比西尼阿。康果歸比利時保護。阿比西尼阿歸義大利保護。康果近與我朝立約通商。亦稱自主。然以上諸國之執政者。皆非非洲土人也。其他諸部則均已夷為奴隸。全洲人口。約共一萬三千萬。

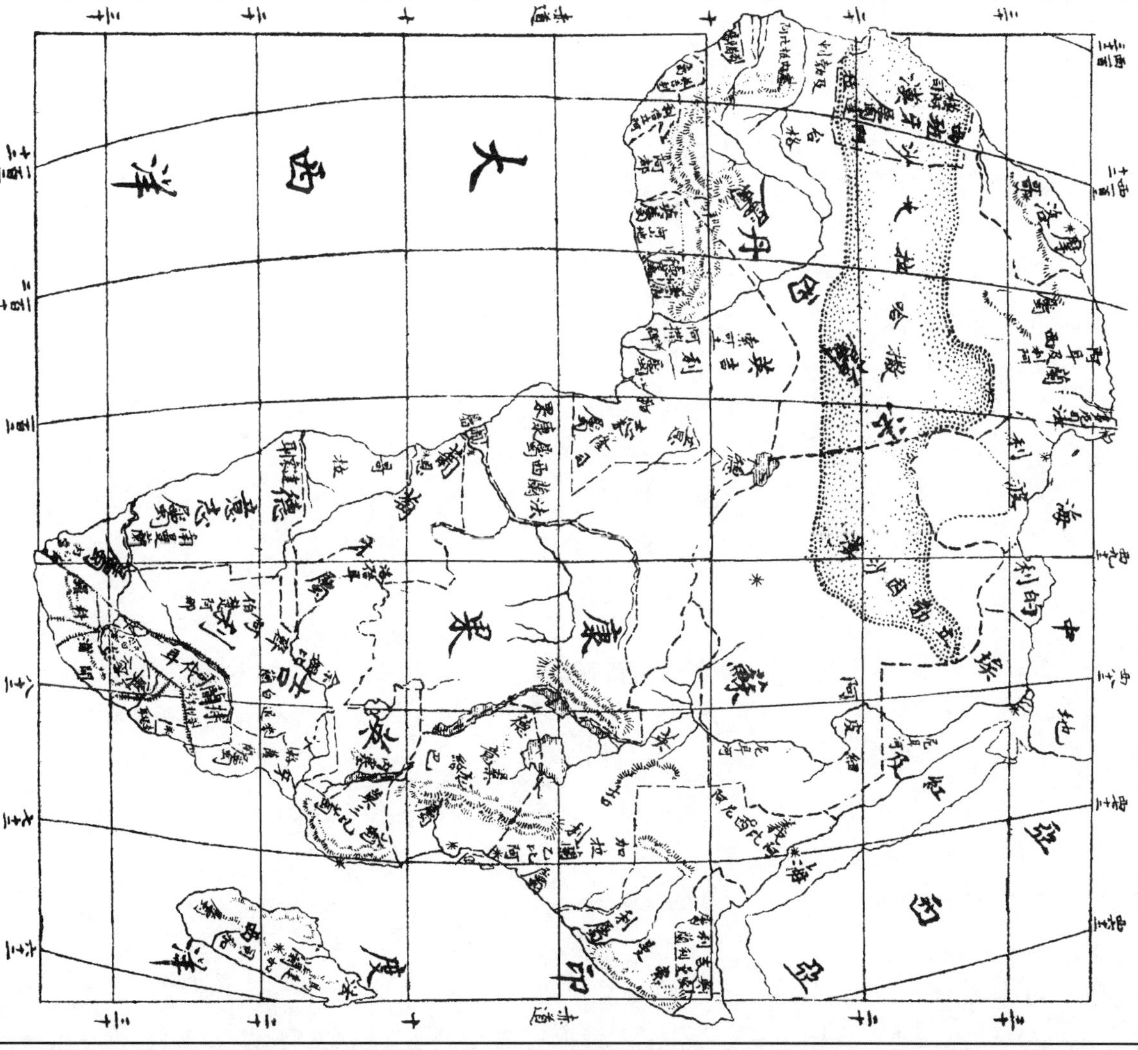

美

上

音眛。物之善者
曰美。美人之善
亦曰美。今洲名。
美玉。讚美。
阿美利加。

無鄙切。阿美利加。為新闢之境。洲分南北。相連處狹如蜂腰。共千五百萬英方里。四面濱海。不與他洲連。明宏治中。始尋得其地。歐洲各國。爭往開墾。乾嘉以後。各自建國。不復歸歐洲統攝。然人民皆其苗裔。土著幾蕩然無存矣。今其自主之國。北曰北阿美利加合衆國。即美利堅是也。曰墨西哥。中境曰中阿美利加合衆國。南洲曰巴西。曰科倫比阿。曰委尼瑞拉。曰厄瓜多。曰玻利非阿。曰秘魯。曰智利。曰拉布拉他。曰巴拉圭。曰烏路圭。共十三國。北洲之加那大。格林蘭。南洲之圭阿納。及西印度羣島。多為歐洲諸國屬地。全洲民數共一萬二千二百六十萬三千。政皆民主。

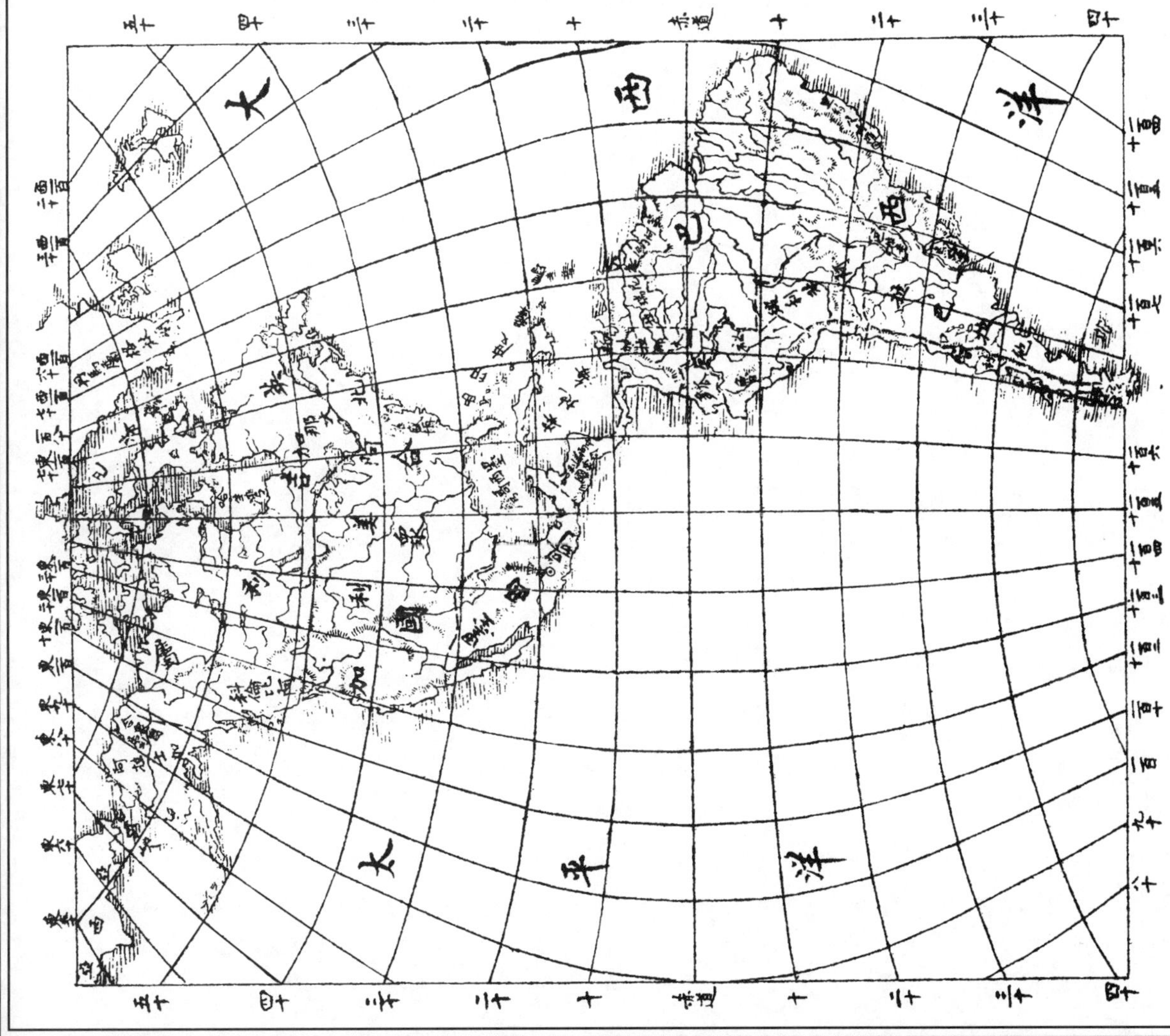

非

美

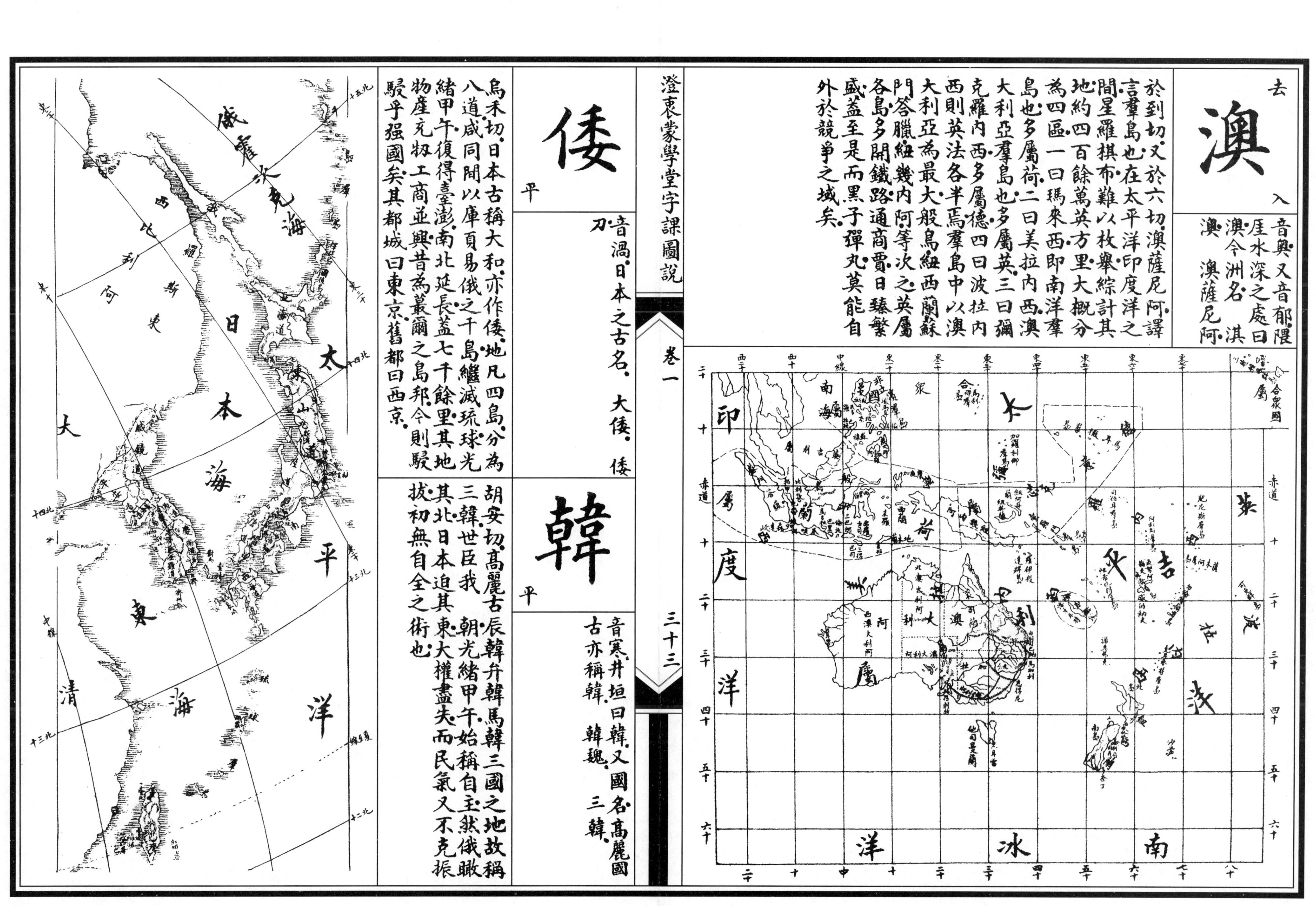

澳

去 入

音奥。又音郁。隈厓水深之處曰澳。今洲名。淇澳。澳薩尼阿。

於到切。又於六切。澳薩尼阿。譯言羣島也。在太平洋。印度洋之間。星羅棋布。難以枚舉。綜計其地約四百餘萬英方里。大概分為四區。一曰瑪來西。即南洋羣島也。多屬荷。二曰美拉內西。澳大利亞羣島也。多屬英。三曰彌克羅內西。多屬德。四曰波拉內西。則英法各半焉。羣島中以澳大利亞為最大。般鳥紐西蘭蘇門答臘。紐幾內阿等次之。英屬各島。多開鐵路。通商賈。日臻繁盛。蓋至是而黑子彈丸。莫能自外於競爭之域矣。

倭

平

音渦。日本之古名。大倭。倭刀。

烏禾切。日本古稱大和。亦作倭。地凡四島。分為八道。咸同間以庫頁易俄之千島。繼滅琉球。光緒甲午。復得臺澎。南北延長蓋七千餘里。其地物產充牣工商並興。昔為蕞爾之島邦。今則駸駸乎強國矣。其都城曰東京。舊都曰西京。

韓

平

音寒。井垣曰韓。又國名。高麗國古亦稱韓。韓魏。三韓。

胡安切。高麗古辰韓弁韓馬韓三國之地。故稱三韓。世臣我朝。光緒甲午。始稱自主。然俄瞰其北。日本迫其東。大權盡失。而民氣又不克振拔。初無自全之術也。

暹

平

音銛。日光上升也。今國名。暹羅。

息廉切。暹羅本爲暹與羅斛二國。後合稱暹羅。土壤膏腴。産米最著。咸同以前。常入貢於我朝。自英滅緬甸。法據安南。强隣四逼。境土日削。然勵精圖治。猶有規模。所以措拄其間者。非偶然也。

安

平

寧平聲。不危曰安。使之不危亦曰安。又詰問詞。安穩。安撫。安得。安南。

於寒切。安南古越裳國。故亦稱越南。唐之時。設安南都護府於此。後遂爲國名。其地毗連滇粵。歷世內附。職貢無愆。光緒甲申。始爲法據。雖宗社未墟。而王僅主祭。外交內政。皆法人主持之矣。其故都曰順化府。

緬

上

音湎。藐遠。藐。今國名。緬懷。緬甸。

彌兗切。緬甸故國。在暹羅西。昔亦臣屬我 朝。十年一貢。道光中。與英搆釁。失其南境。光緒十一年。英人滅之。而代其貢。東北有南掌一國。英與法瓜分之。比來開築鐵路。轄境直接我滇疆。而西南自此多事矣。

印

去

因去聲。官吏所持之符信也。假爲印書之印。今地名。接印。刷印。印度。

衣刃切。古稱天竺。佛教所自出也。開化之早。亞於埃及。屢經變亂。康熙初。英人東來。佔其沿海各地。稍稍蠶食。至咸豐八年。而盡滅之。今其境內。鐵路交通。商務日盛。鴉片棉紗。爲其大宗。事由英人主持。印民則爲奴隸矣。

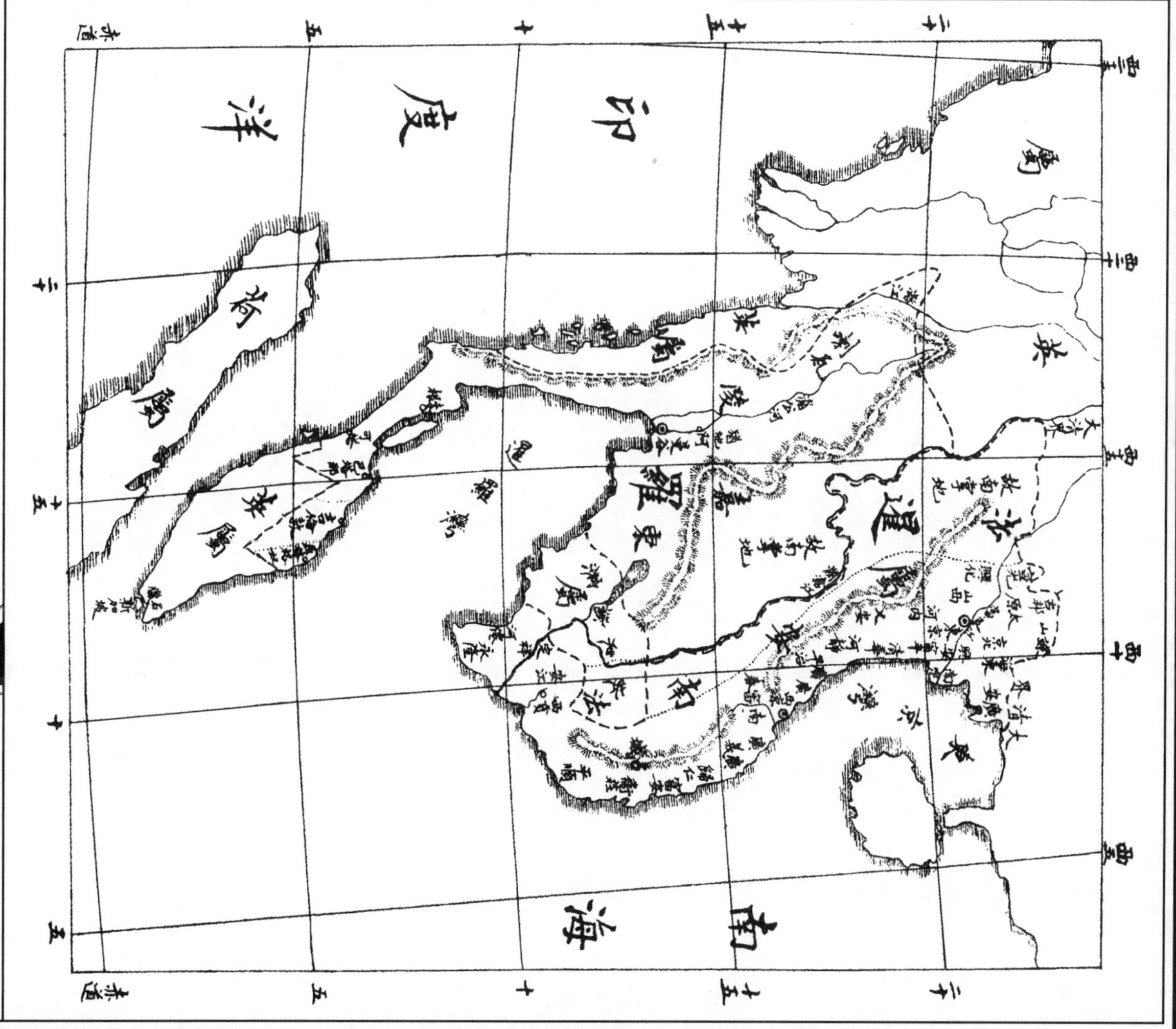

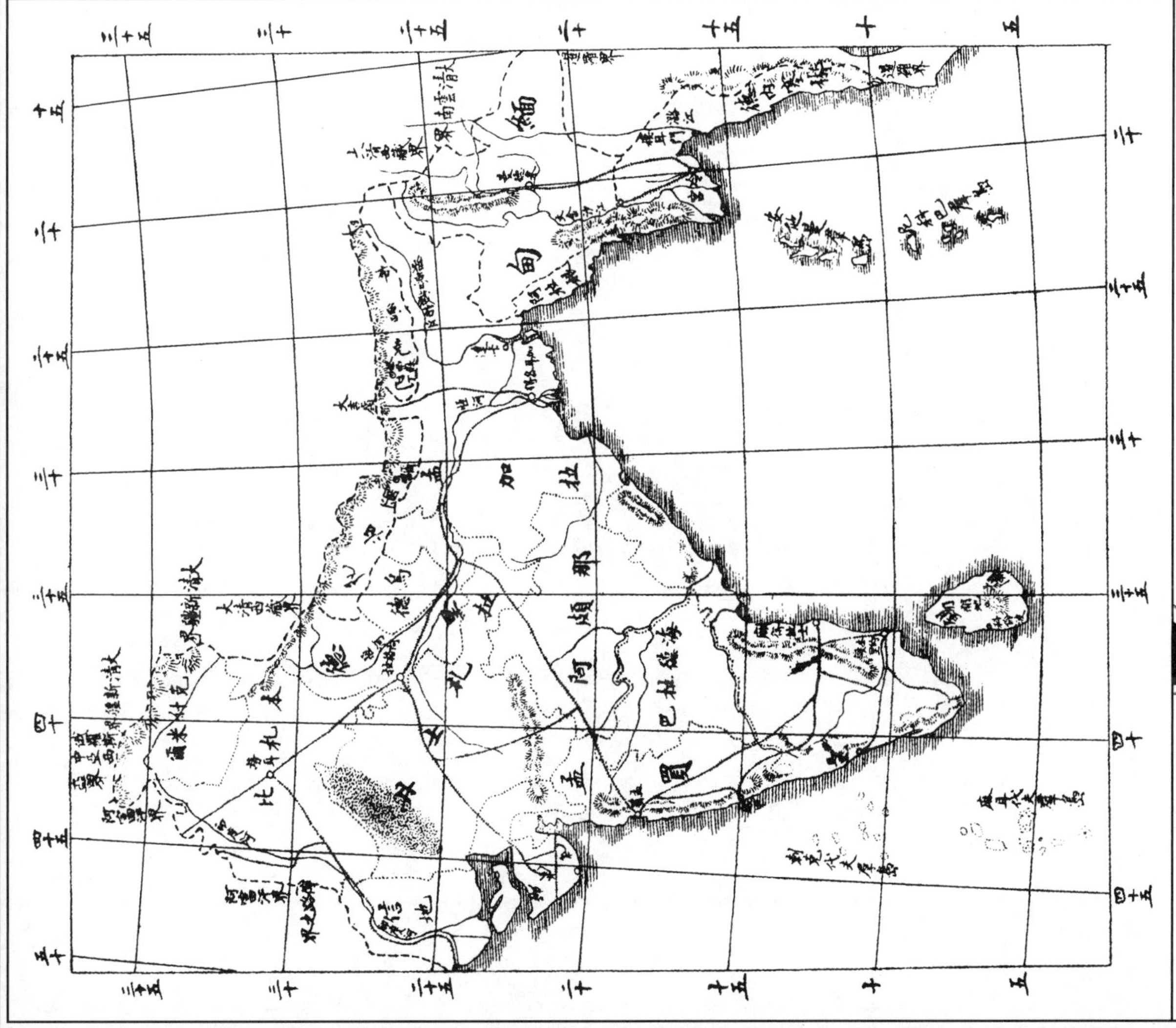

去

愛

哀去聲。仁之發也。凡物質之易於相合者曰愛力。今國名。 溺愛。 愛烏罕。

烏代切。阿富汗亦作愛烏罕。國朝初定新疆。亦在朝貢之列。英人既滅印度。漸侵蝕之。光緒四年抗英而敗。英人戍以兵。遂為歸英保護之國。都會曰喀布爾。北與俄屬布哈爾接境。蓋各為英俄間之屏障也。

上

俾

音髀。益也。又使也。今國名。 裨補。 俾予。 俾路之。

補弭切。俾路之在阿富汗南境。山多地瘠。初屬印度。繼屬愛烏罕。二國既衰。遂為英之屬國。都會曰開來脫。其北境有地曰辟興。連愛烏罕之東南境。別為英之屬地。曰英屬俾路之。

平

波

音皤。水涌流曰波。假為搖動之意。今國名。 波瀾。 波盪。 波斯。

博禾切。波斯回部大國也。北濱裏海。東與阿富汗俾路之接壤。物產殷盛。古號富強。近百年間。俄逼其北。英窺其東。勢已岌岌不支矣。都城曰德黑拉。

入 平

阿

音堊。大陵曰阿。 又倚也。 阿邱。 阿衡。 音屋呼聲。 阿誰。 阿拉伯。

於谷切。阿拉伯古稱天方。回教所自出也。中境沙漠。不毛而迤西則為上古著名之地。回教盛時。兵力四及。羣奉職貢。迨其既衰。遂屬土耳其。其沿海之地。為土耳其屬地者二。屬英者一。東北一隅。則別自為部。平聲於何切。

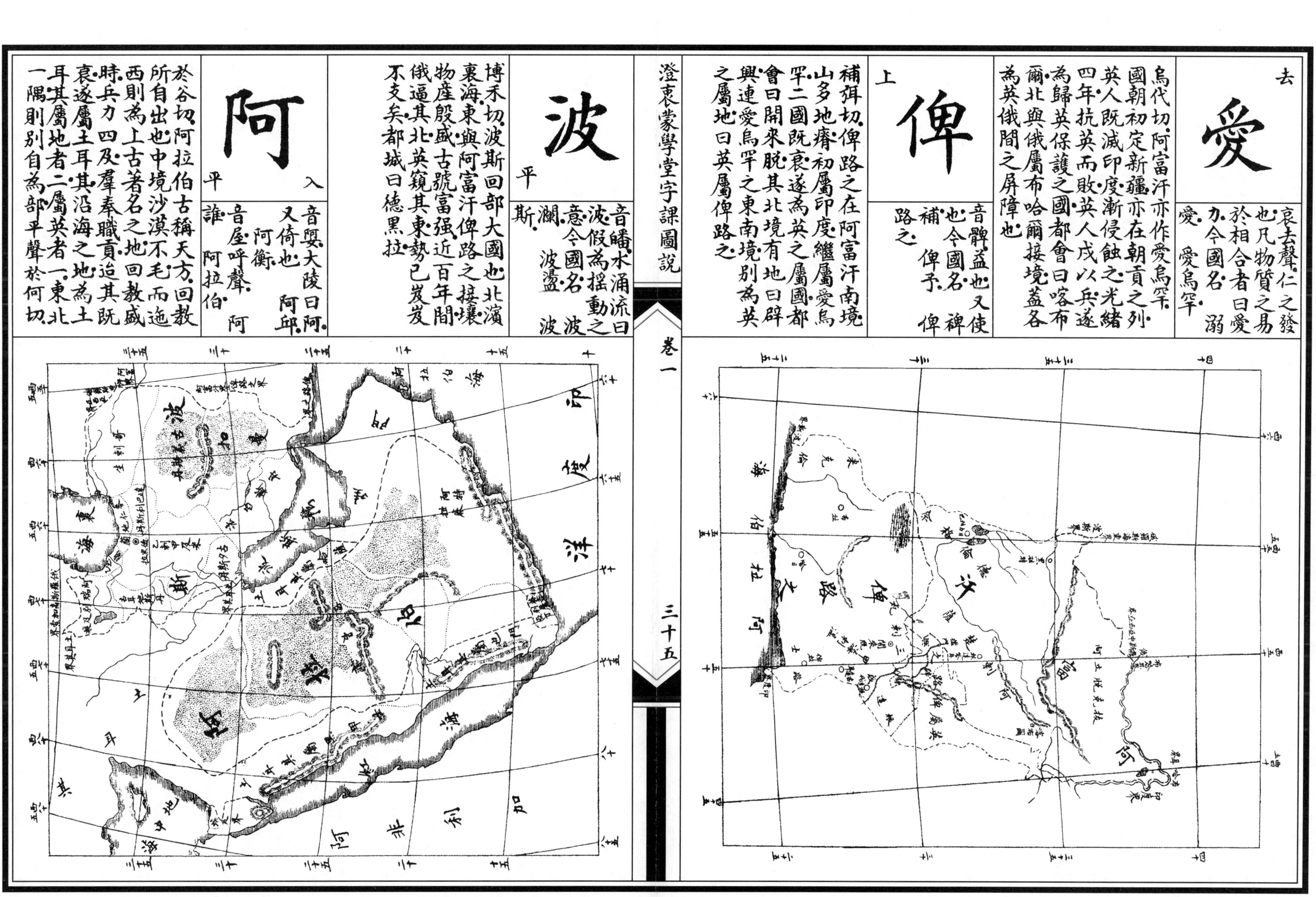

土

上

音吐。植物所生曰土。又八大行星之一也。今國名。土地。土耳其。

統五切。土耳其地跨兩洲。而都城在兩洲間之海峽上。形勢險要。扼黑海之咽喉。比來藩屬多叛。日以削弱。賴歐洲諸國保持之。尚不至為俄所并。其亞洲屬地中。有西里阿部。為耶穌故里。西人稱聖地。蓋諸教所自起也。

希

平

音晞。簡少之稱。又冀望也。今國名。希冀。希奇。希臘。

香衣切。希臘古之名國也。文物聲明。為歐洲之祖。其開國當我虞夏時。至漢而亡。後為土耳其屬地。咸豐季年。各國援之以立國。後相繼稱自主者。曰羅馬尼阿。曰布加利阿。曰塞爾維阿。曰門的內格羅。前此皆土屬也。

埃

平

音哀。又音翳。塵也。今國名。風埃。埃及。

於開切。又於支切。埃及在阿非利加東北。其開國當我顓頊之時。文字頗近古篆。至唐而滅於阿拉伯。民歸回教。文化遂湮。阿拉伯衰。屬土耳其。道光中。拒土自立。英人助土擊破之。遂為歸英保護之國。境內有蘇彝士河。

俄

平

音莪。頃刻之間曰俄。今國名。延俄。俄羅斯。

五何切。俄羅斯天下第一大國也。地據亞歐二洲之北。綜其方積。大於歐羅巴全洲。唐時始立國於歐洲之東北。元太祖興。遣兵滅之。明之中葉乃復。康熙時略定亞洲地。來請通商。今其鐵路直通我東三省。用心殊險矣。

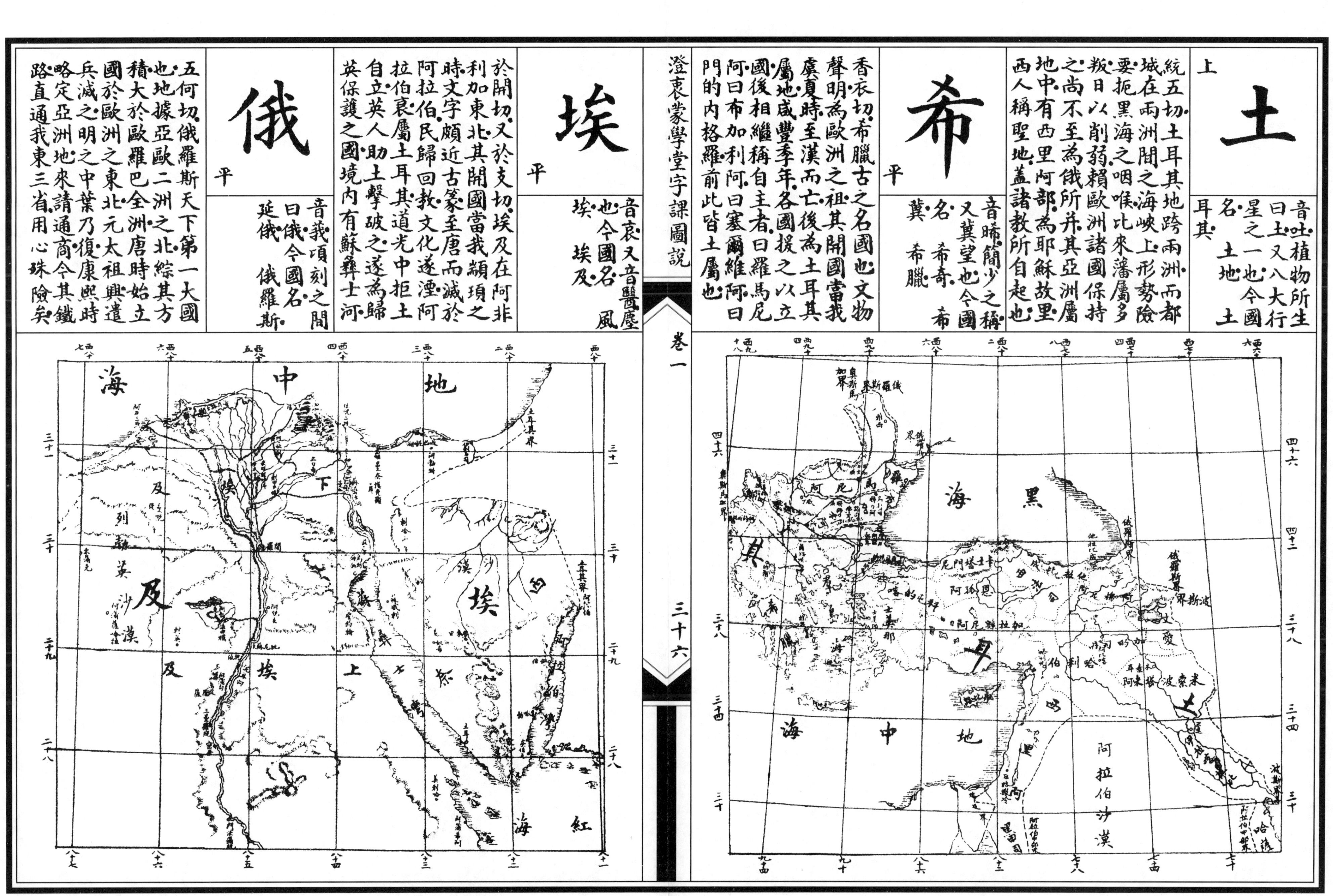

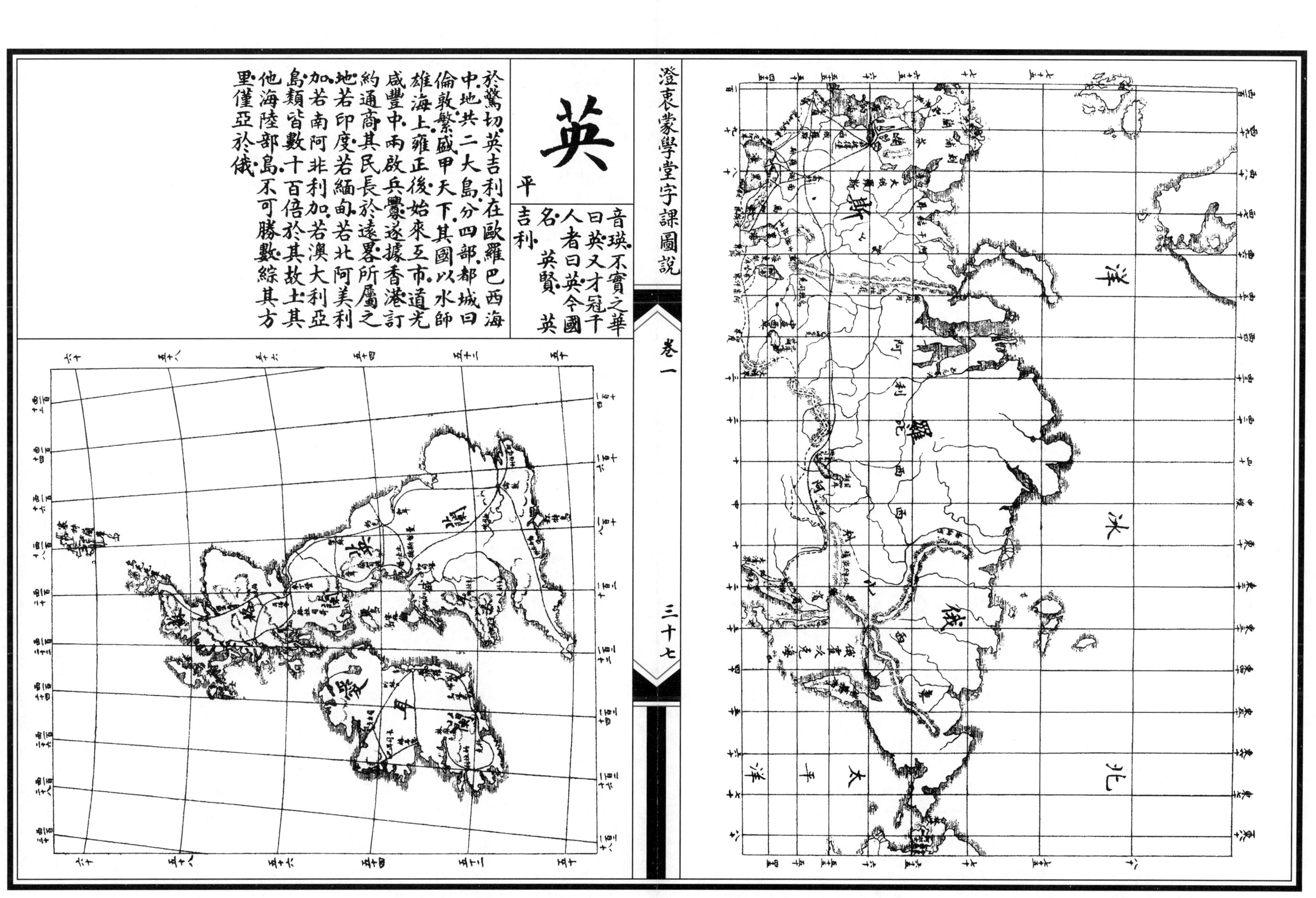

英 平

音瑛。不實之華曰英。又才冠千人者曰英。今國名。英賢 英吉利

於驚切。英吉利在歐羅巴西海中。地共二大島。分四部。都城曰倫敦。繁盛甲天下。其國以水師雄海上。雍正後。始來互市。道光咸豐中兩啟兵釁。遂據香港。訂約通商。其民長於遠畧。所屬之地。若印度。若緬甸。若北阿美利加。若南阿非利加。若澳大利亞島。類皆數十百倍於其故土。其他海陸部島。不可勝數。綜其方里。僅亞於俄

法

入

翻入聲。王者治天下之則也。今國名。 國法。 法蘭西。

方乏切。法蘭西在歐羅巴西境。與英吉利隔海相望。古為歐洲陸地之强國。嘉慶初。以兵力霸全洲。卒為各國聯軍所敗。其東來通市。始於明季。當時以火器擅名。謂之佛郎機。道光中。始來訂約。光緒十年。與我爭安南。卒據有之。遂割暹羅之東境。又與英分南掌。以窺我滇粵。其民敏銳而囂。故多遠功。而時有內患。國無王位。政由議院定之。而舉大統領以總其成。謂之民主政。都城曰巴黎。

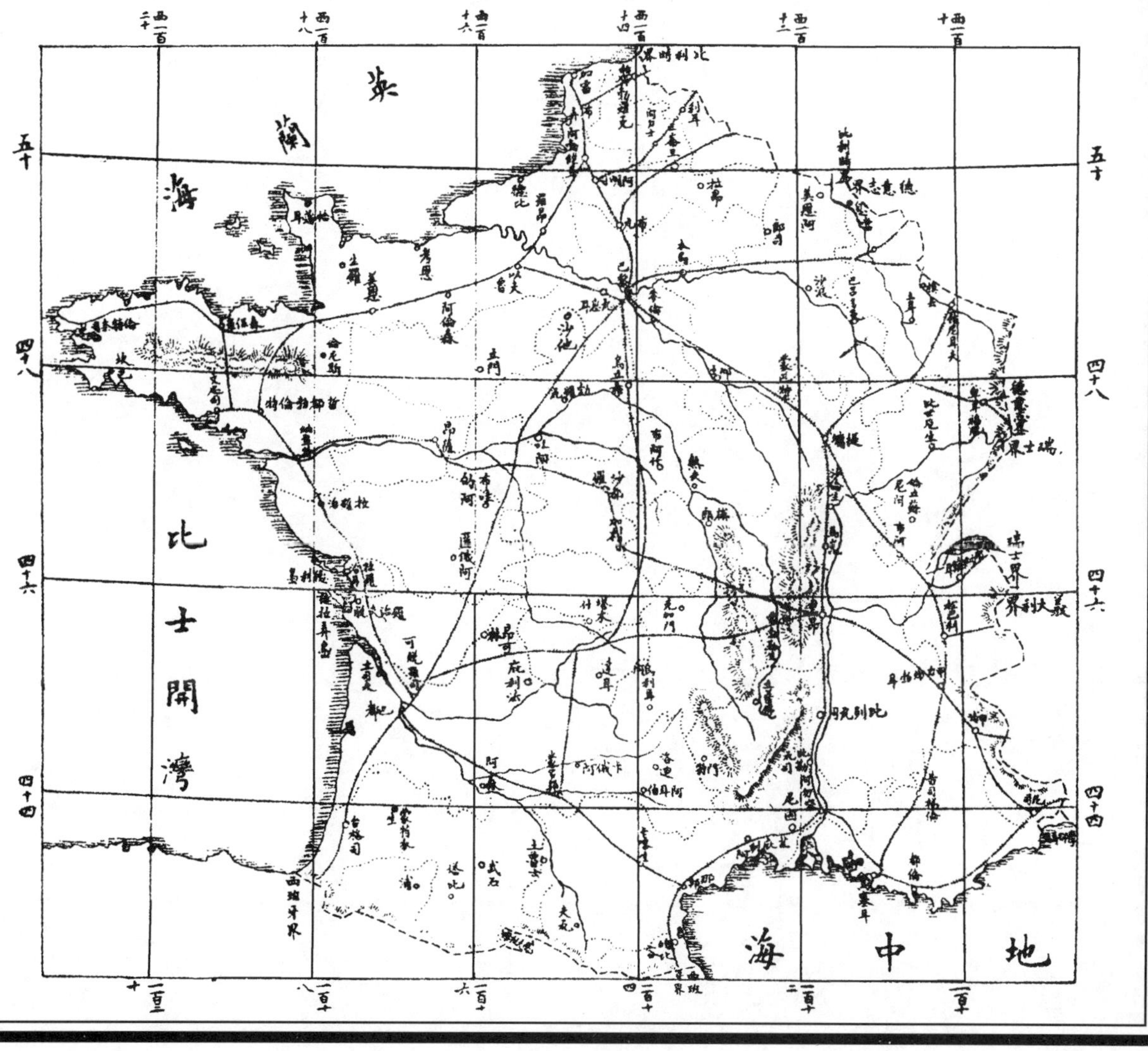

德

入

登入聲。心之所得曰德。今國名。 德行。 德意志。

多則切。德意志古稱日耳曼。聯二十六邦為一國。而普魯士為之長。歐洲之中原也。元初。奧地利阿最强。其王稱日耳曼帝。嘉慶中。為法所敗。諸國分裂。及普魯士興。破法破奧。遂起而代之。更號德意志。都於伯林。其民風擅文學。近更銳意製造。軍械精利。陸軍推歐洲第一。其開拓新地。後於各國。今其所屬有阿非利加三部。及澳薩尼阿麞島之一區。至近日所購之南洋一小島。及租諸我國之膠州灣。皆以為駐泊海軍之用也。

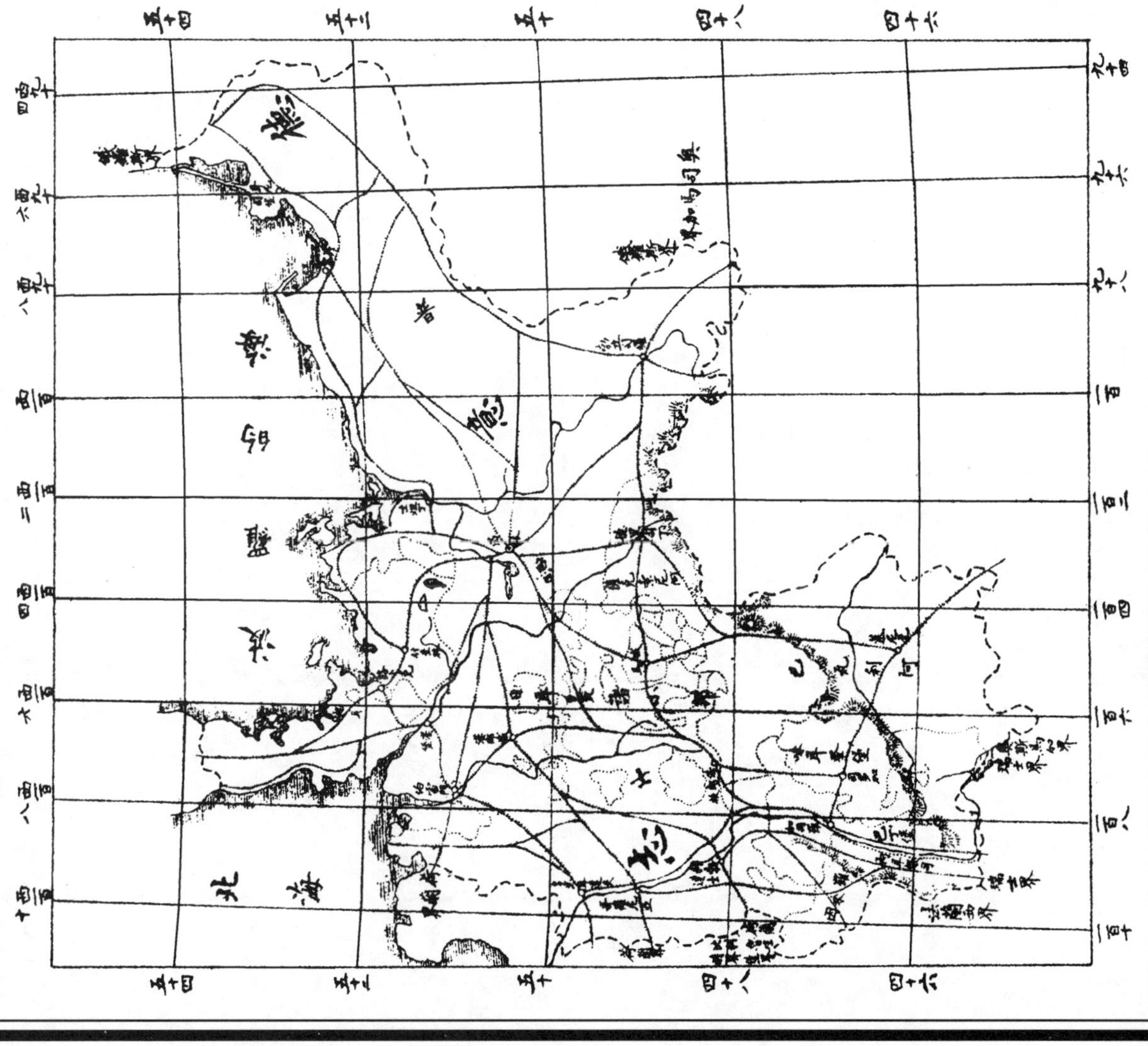

去

奧

音墺。室西南隅為奧。因假為隱曲之稱。今國名。深奧。奧斯馬加。

烏到切。奧地利，古為日耳曼共主。全盛時，南轄意大利，西控荷蘭。同治初，奧王與匈牙利女主結婚，兩國合而為一，稱奧斯馬加。自後義既自立，普又代興，既失上國之權，并不與聯邦之列矣。惟於俄土交戰之際，得土國之屬地兩部。都城曰維也納。

去

義

音議。事之宜也。仁義。今國名。義大利。

宜寄切。義大利即羅馬，古為歐洲一統之國。漢時嘗遣使東來，所謂大秦是也。羅馬亡，義大利分為數小國，常役屬於強隣。至咸豐之季，始再立國。同治中，定都於羅馬。羅馬古時權力至大。天主教教皇居羅馬，今為義所奪。

去

瑞

音倕。以玉為信也。又祥也。今國名。五瑞。祥瑞。瑞士。

是僞切。瑞士亦日耳曼之族。地小多山，風景清幽，為歐洲冠。古稱善戰。合二十二部為聯邦，其政亦從民主。都城曰百爾尼。

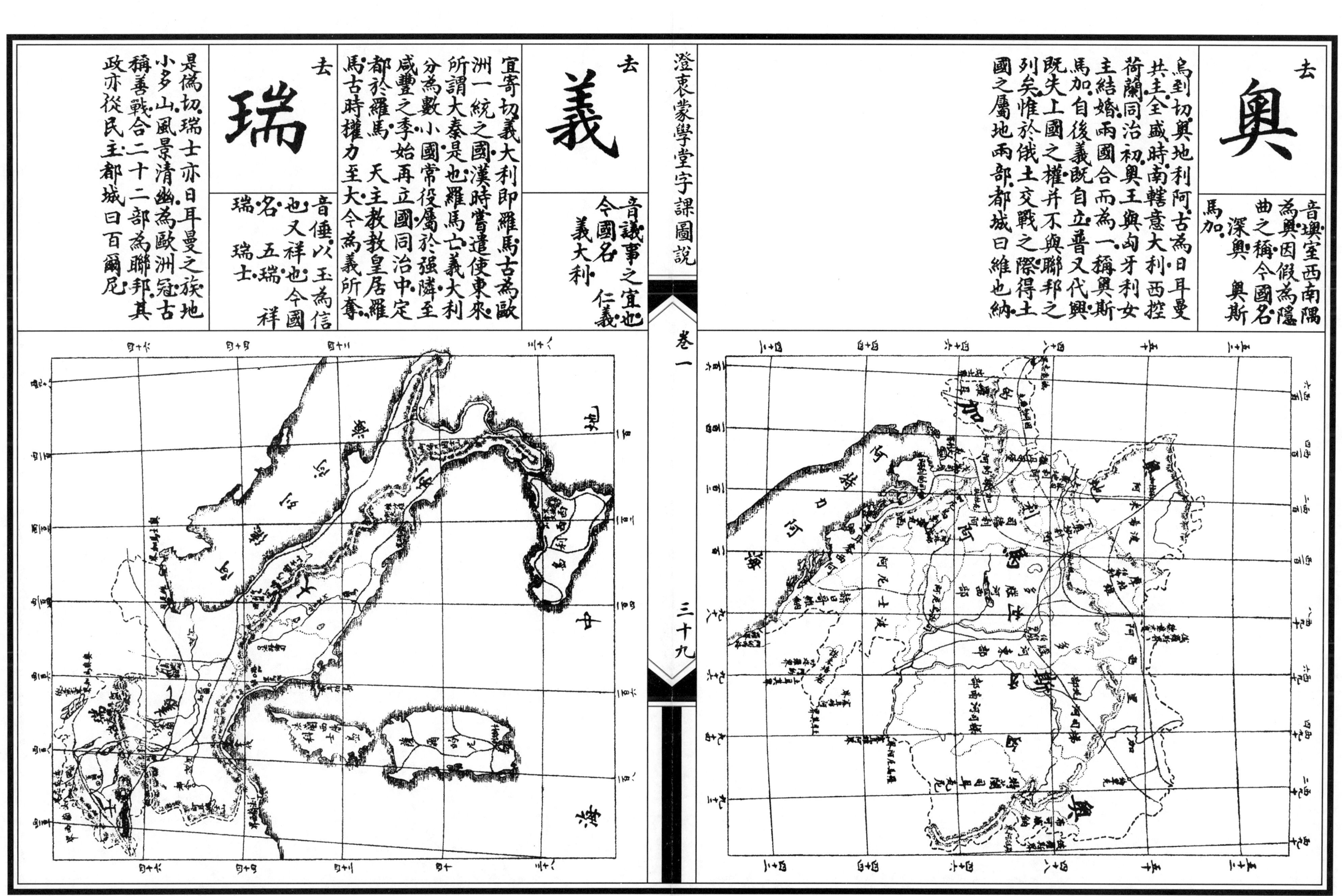

荷

上 平

音何。花名。荷花。今國名。荷蘭。

荷 何上聲。負擔也。荷蕢。

胡歌切，又胡可切。荷蘭本日耳曼地。宋時始自立國，都城曰愛司台特。沮洳濱海，故民善操舟。明之中葉，東略南洋羣島，遂來通市。乾嘉而後，屬地多為英奪，今所存之蘇門答臘諸島，猶大於其國十百倍也。

比

去 上

音匕。較也。比例。

音避。阿黨也。朋比。

今國名。比利時。

卑履切，又毗意切。比利時本荷蘭南境，奉教與荷異，積不相能。道光中與荷苦戰數年，始得自立。人稠地狹，工業最盛。國家既與各國通商，比亦踵至，商貨以鐵器為多。比王兼王阿非利加之康果國，而康果不屬比。

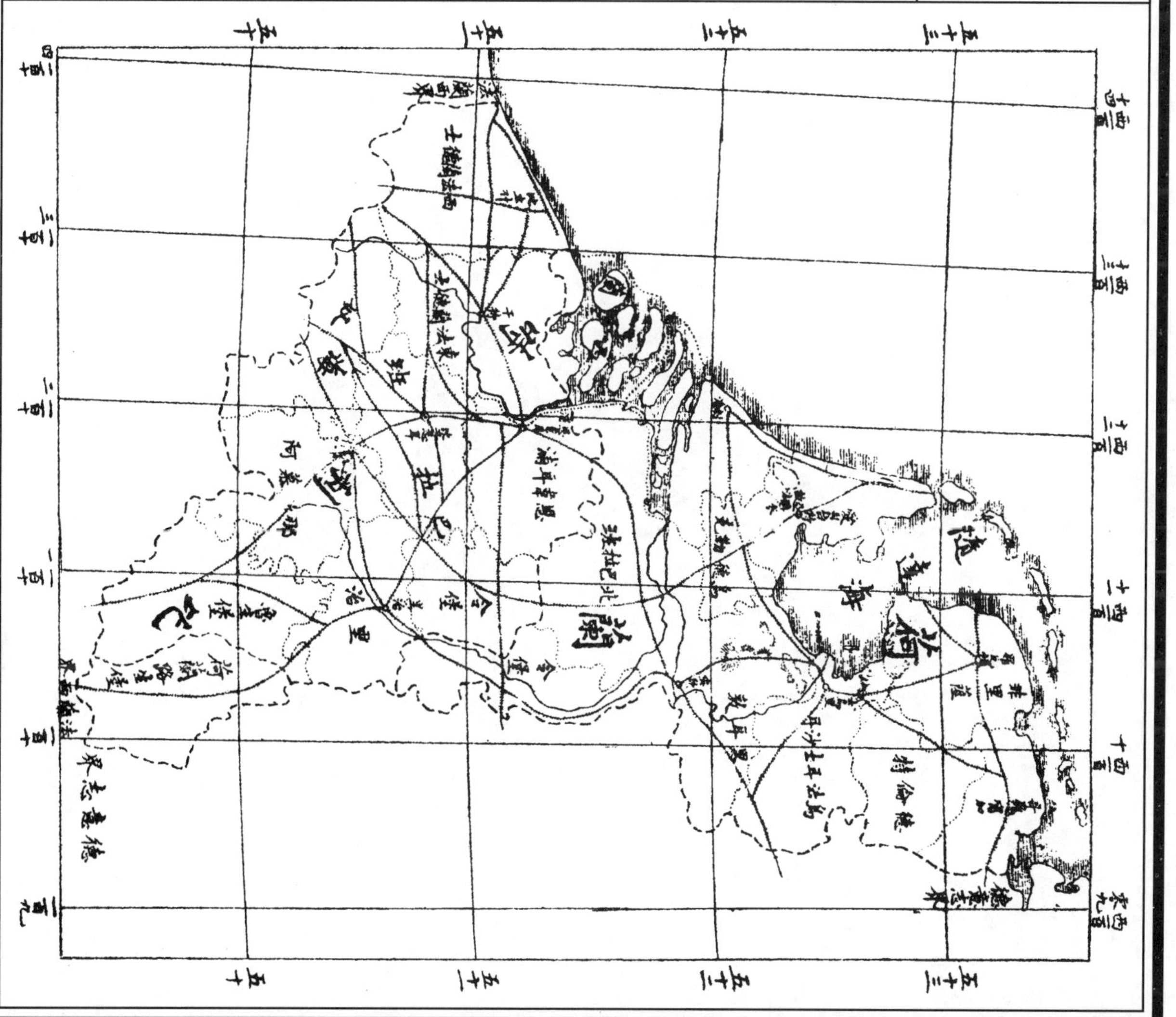

班

平

音頒。分布也。又位次曰班。

名。班荊。班次。

今國名。西班牙。

布還切。西班牙或作日斯巴尼亞，在歐洲西南，古強國也。明之中葉，國人始探得美洲，收其大半為屬地。廣開礦產，國益富強。嘉道以後，屬地多自立國。近與美國戰，又失古巴及南洋諸島，自是僅存北非洲一部為屬地。

葡

平

音蒲。果名。葡萄。今國名。葡萄牙。

薄胡切。葡萄牙古西班牙地。宋時始分國。明之中葉，國人至南非洲，繞而東行，經南洋羣島而至澳門，所至輒佔據之。後為荷蘭、西班牙、英、法諸國所奪，僅餘澳門及非洲東邊諸地。都城曰力士本。

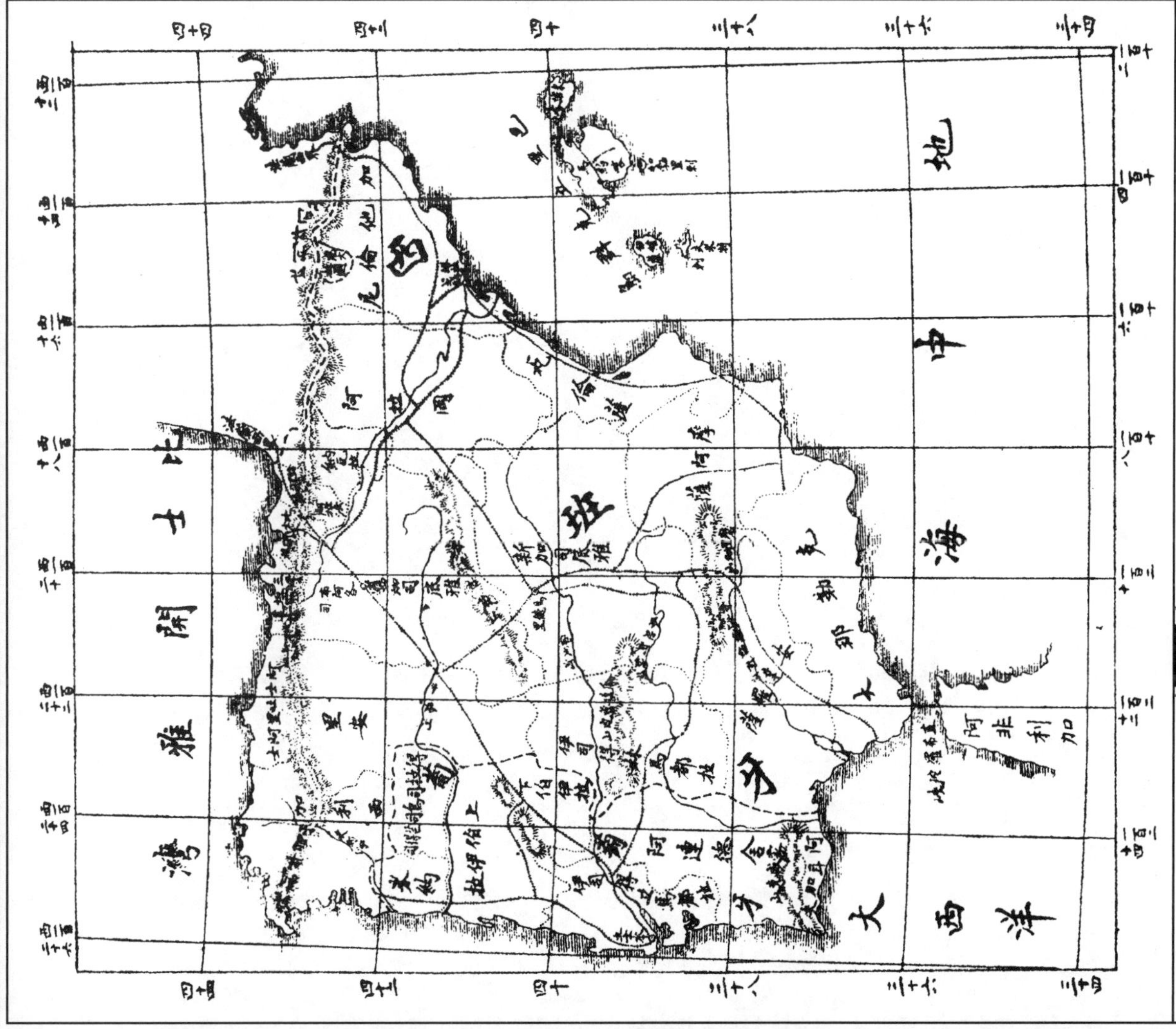

那

上 平

諾何切。又乃可切。那威本與瑞典各為一國，後皆滅於丹馬。瑞典先復。及嘉慶中，始以那威并入瑞典，稱瑞典那威，約言之曰瑞那也。氣候苦寒，故地廣而不阜。道光之季，始來通商，都城曰司託克宏。

音儺。音娜。由此指彼之稱。今國名。那個。那一個。瑞那。

丹

平

多寒切。丹馬古以航海擅名，全盛時兼并瑞那，以兵力雄一代。後屬日耳曼，明時始自立國，而瑞那又相繼叛去。同治中，與普奧戰敗，割地以和。地本狹隘，以適當波羅的海之口，故以形勝著於歐洲。

音單。赤色。沙也。假為丹黃之丹。及丹丸之丹。今國名。丹沙。丹馬。

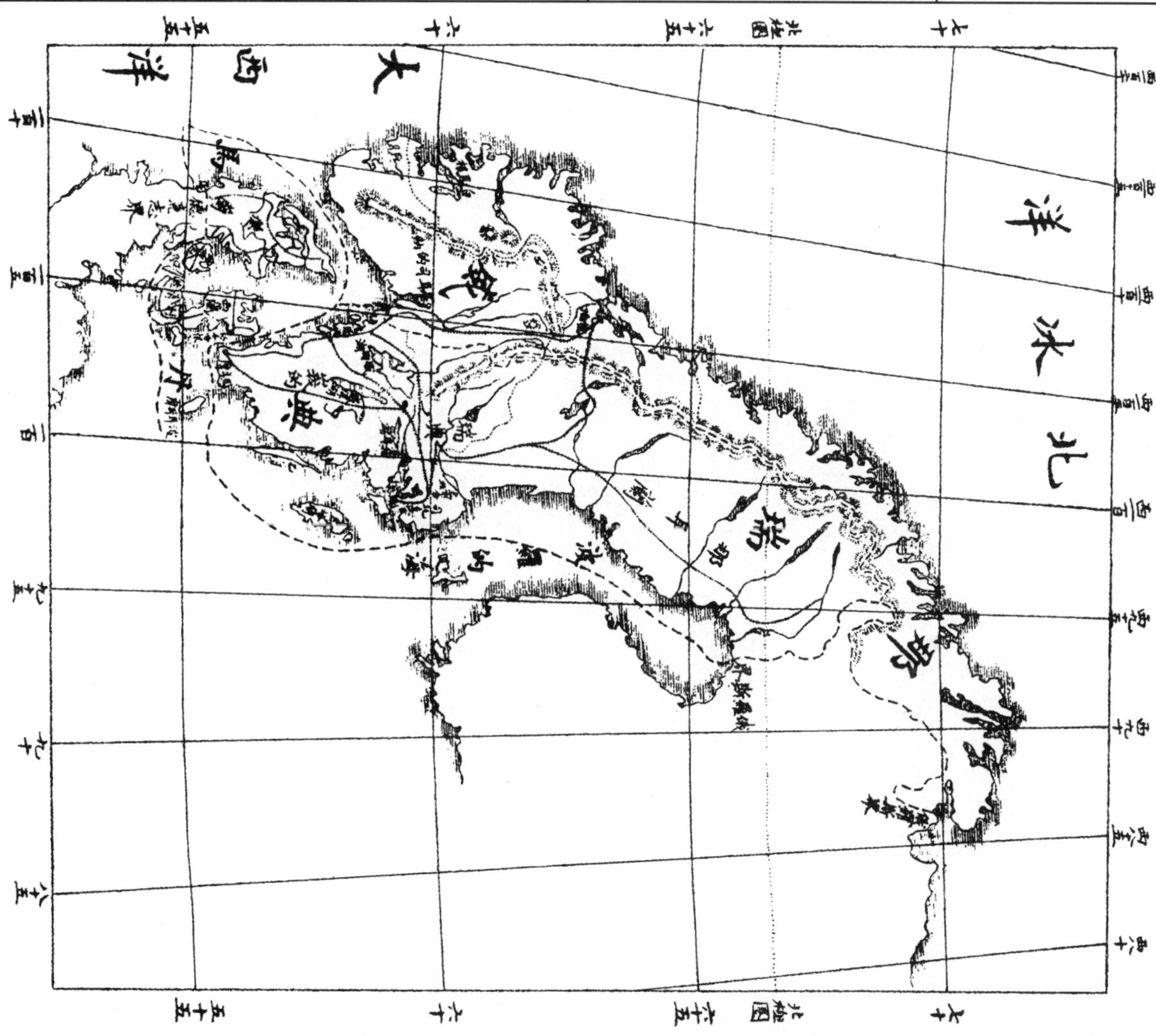

合

入

音閤。分之對也。有并聚之義。和合。合衆國。候閤切。

衆

去

終去聲。三人以上曰衆。引申為凡多數之稱。大衆。衆人。之仲切。

北阿美利加合衆國，通稱曰美利堅，省曰美國者是也。其地古未開闢，明季始有歐洲人雜居之，而屬於英。乾隆中，國人拒英而自立，都城曰華盛頓，合十三邦為國，各治以統領，而以大統領總其成。蓋其法一如瑞士也。初起時，轄境尚狹，後併英法各屬地為三十七部，又購俄屬之阿拉士加，奪新墨西哥，近則收檀香山，據古巴及非立濱羣島，幅幀之廣，僅亞英俄矣。

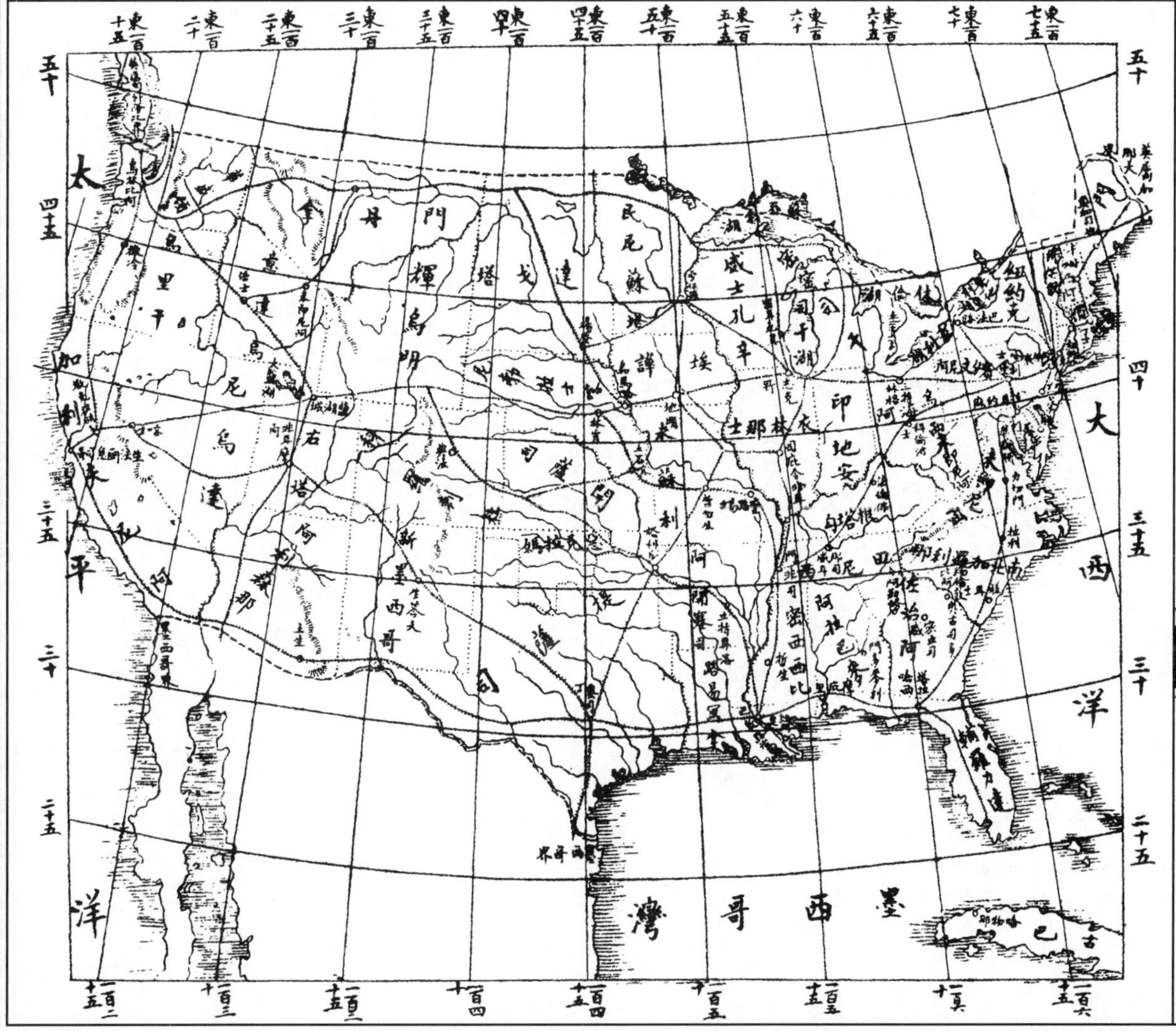

墨 入

音默。煙炱也。捶之以膠。則為筆墨之墨。又假為黑色之通稱。今國名。墨西哥。

莫北切。墨西哥在美國南。歐人未來時。已自立國。其民與黃種相似。相傳為亞東諸國之同族。明時為西班牙所滅。國人屢起兵拒之。道光初。始自立國。而北境為美國所侵蝕。地多礦產。銀為尤富。今我國通用之洋銀。即其所製。每年運至者甚多。美洲各國之自主者。其君若大臣。率係歐洲種類。惟墨西哥則猶為土著之民。

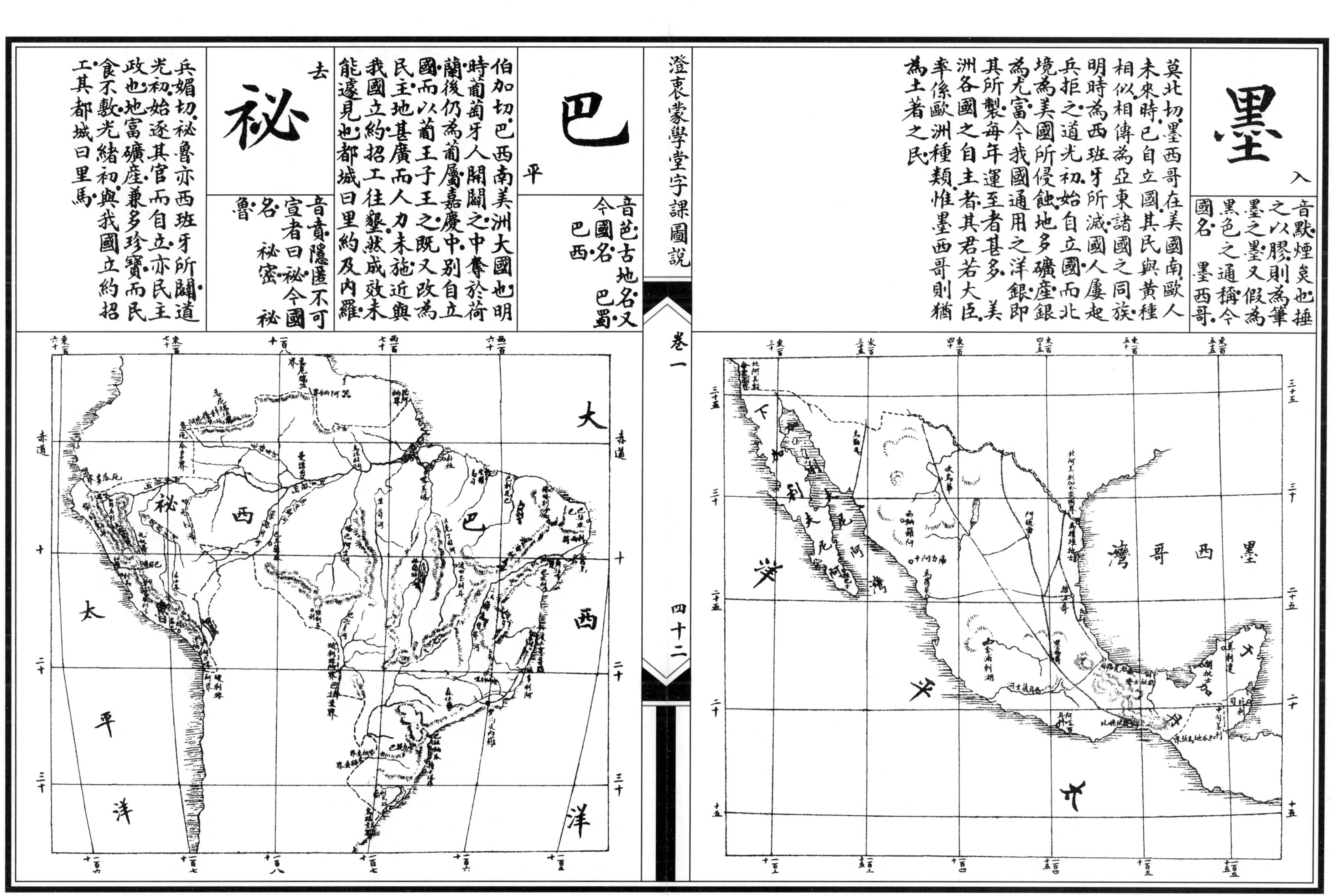

巴 平

音芭。古地名。又今國名。巴蜀。巴西。

伯加切。巴西南美洲大國也。明時葡萄牙人開闢之。中奪於荷蘭。後仍為葡屬。嘉慶中。別自立國。而以葡王子王之。既又改為民主。地甚廣。而人力未施。近與我國立約。招工往墾。然成效未能遽見也。都城曰里約及內羅。

祕 去

音賁。隱匿不可宣者曰祕。今國名。祕密。祕魯。

兵媚切。祕魯亦西班牙所闢。道光初。始逐其官而自立。亦民主政也。地富礦產。兼多珍寶。而民食不敷。光緒初。與我國立約招工。其都城曰里馬。

坤 平

音髡。大地曰坤。 純陰曰坤。 乾坤。

苦昆切。易坤爲地。☷順也。凡地道妻道臣道。皆主乎順。

域 入

音棫。界之所限曰域。 畛域。 域中。

雨逼切。天子諸侯所守之土曰域。古稱九州爲九域。稱窮邊爲絕域。又以墓限爲墓域。皆有止而不過之意。

國 入

戫入聲。邦也。 國家。 大國。

骨或切。或古域字。或在口中謂之國。 大曰邦。小曰國。邦之所居亦曰國。 漢時西域諸國。其築城爲守者曰城郭之國。其不立城馬上爲國者曰行國。

境 上

音景。疆之所界曰境。 境界。 越境。

舉影切。竟與境通。謂疆土至此而竟也。

邦 平

音梆。國之大者曰邦。 邦畿。 萬邦。

悲江切。天子諸侯所都之地曰邦。邦與國通用。漢時避高祖諱。多以國字代之。

畿 平

音祈。王者之都曰畿。 邦畿。 畿內

渠希切。古者王國千里曰王畿。自是以往。每五百里爲一畿。通天下爲九畿。侯甸男采衛要內六服也。夷鎮藩外三服也。唐虞曰服。殷周曰畿。

郡 去

羣去聲。統縣曰郡。郡守即今知府之職。 郡縣。 閩郡。

具運切。郡羣也。人所羣聚也。古者縣大郡小。左傳上大夫受縣。下大夫受郡是也。秦并天下。置三十六郡。由是郡大縣小。後世因之。 今日本猶沿縣大郡小之制。

邑 入

音浥。屬於郡而次於州者曰邑。 郡邑。 邑令。

於汲切。古邑字訓爲國。尚書西邑夏。天邑商。大邑周。皆指國而言也。周禮四井爲邑。則邑止二里而已。今以一縣爲一邑。故縣令亦稱邑宰。

府 上

音甫。一郡爲一府。 知府。 府道。

匪父切。百官所居曰府。 又藏貨財曰府。周禮有大府玉府內府外府泉府天府。皆掌財幣之官。 又水火金木土穀。謂之六府。 今以郡守爲知府。

廳 平

音汀。屋也。 正廳。 客廳。 今隸於府曰散廳。 不隸於府曰直隸廳。

他丁切。古者官廨謂之聽事。謂於此交事而聽訟也。漢晉皆作聽。六朝以後乃始加广。引申之。凡設官分治之所皆曰廳。如同通及巡典爲府縣之所分。故皆得稱廳。

州 平

音洲。大於縣而小於府者爲州。 今有直隸州散州之別。 知州。

職流切。虞書十二州。冀兗青徐揚荊豫梁雍之外。有幽并營三州。禹平水土。復爲九州。殷制。分冀爲幽。合并於營。合青於徐。合豫於梁。即爾雅之九州也。周制。合徐於荊。合梁於雍。分冀爲冀幽并。即周禮職方之九州也。

縣 去 平

音懸。繫也。 倒懸。

音炫。隸於府者曰縣。 縣官。 知縣。

胡涓切。本是懸挂之懸。今借爲州縣之縣。讀黃練切。縣。懸係也。周之縣係於遂。秦漢之縣係於郡。今縣係於府。

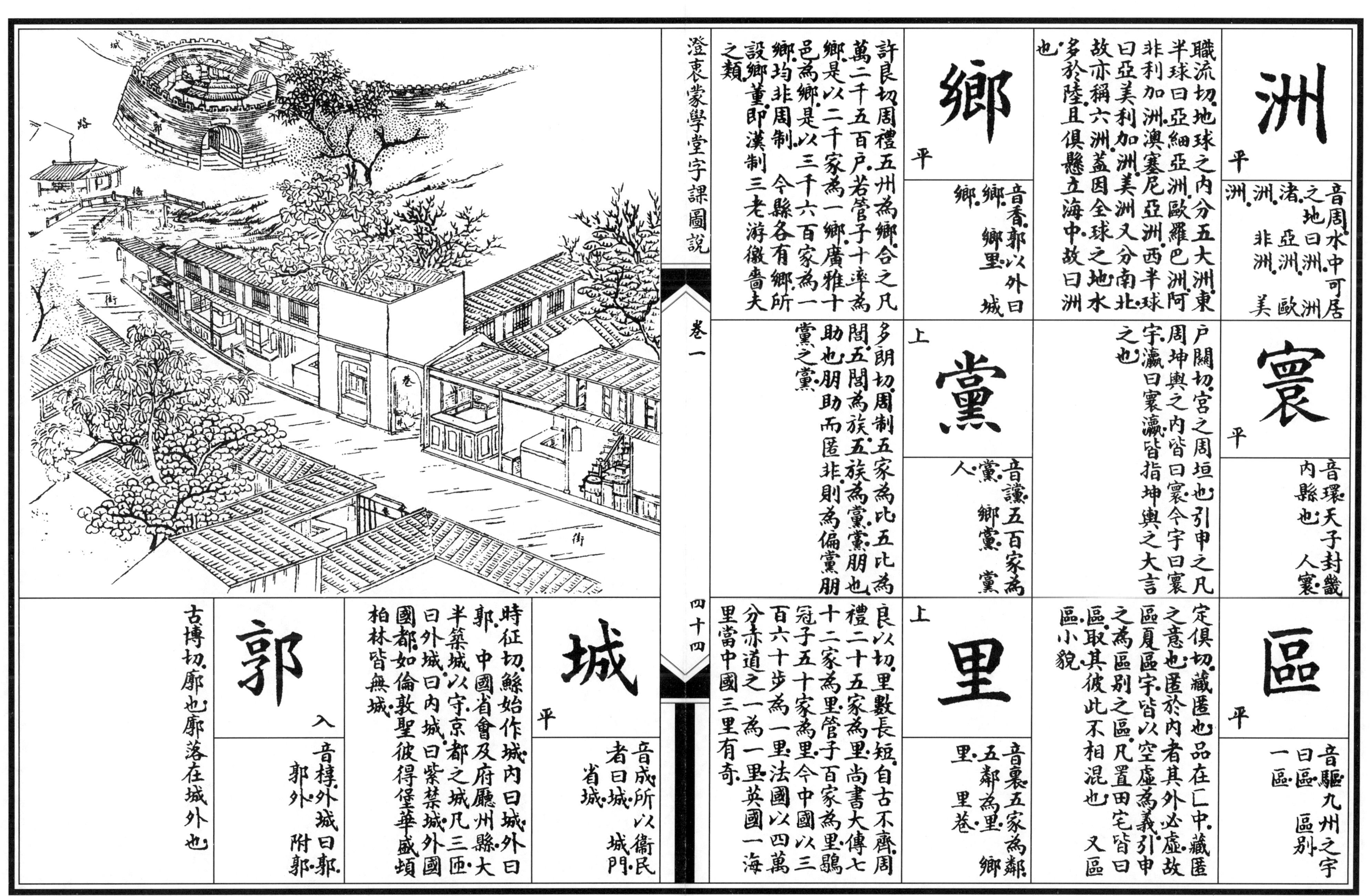

洲 平

音周。水中可居之地曰洲。渚。亞洲。歐洲。非洲。美洲。

職流切。地球之內分五大洲。東半球曰亞細亞洲。歐羅巴洲。阿非利加洲。澳塞尼亞洲。西半球曰亞美利加洲美洲又分南北。故亦稱六洲。蓋因全球之地水多於陸。且俱懸立海中。故曰洲也。

寰 平

音環。天子封畿內縣也。人寰。

戶關切。宮之周垣也。引申之凡周坤輿之內皆曰寰。今宇曰寰宇。瀛曰寰瀛。皆指坤輿之大言之也。

區 平

音驅。九州之宇曰區。區別。一區。

定俱切。藏匿也。品在匚中。藏匿之意也。匿於內者其外必虛。故區夏區宇。皆以空虛為義。引申之為區別之區。凡置田宅皆曰區。取其彼此不相混也。又區區。小貌。

鄉 平

音香。郭以外曰鄉。鄉里。城鄉。

許良切。周禮五州為鄉。合之凡萬二千五百戶。若管子十率為鄉。是以二千家為一鄉。廣雅十邑為鄉。是以三千六百家為一鄉。均非周制。今縣各有鄉。所設鄉董。即漢制三老游徼嗇夫之類。

黨 上

音讜。五百家為黨。鄉黨。黨人。

多朗切。周制五家為比。五比為閭。五閭為族。五族為黨。黨朋也。朋助也。朋助而匿非則為偏黨。朋黨之黨。

里 上

音裏。五家為鄰。五鄰為里。鄉里。里巷。

良以切。里數長短。自古不齊。周禮二十五家為里。尚書大傳七十二家為里。管子百家為里。鶡冠子五十家為里。今中國以三百六十步為一里。法國以四萬分赤道之一為一里。英國一海里當中國三里有奇。

城 平

音成。所以衛民者曰城。城門。省城。

時征切。鯀始作城。內曰城。外曰郭。中國省會及府廳州縣。大半築城以守。京都之城凡三匝。曰外城。曰內城。曰紫禁城。外國國都。如倫敦聖彼得堡華盛頓柏林皆無城。

郭 入

音槨。外城曰郭。郭外。附郭。

古博切。廓也。廓落在城外也。

市 上

音恃。商賈所萃曰市。古者神農作市。 城市。 市鎮。

時止切。買賣之所曰市。買之賣之亦曰市。周禮大市日昃而市，百工為主。朝市朝時而市，商賈為主。夕市夕時而市，販夫販婦為主。 古未有市，貨賣常於井邊，故曰市井。

井 上

精上聲。穴地出泉曰井。古者伯益作井。

子郢切。外象井韓，內象瓶。丼之汲也。古者田九百畝曰井，其制即如井字。 易有井卦，䷯ 又南方宿也。八星橫列天河中，形似兩井相連。 今川滇均有鹽井。

街 平

音佳。道之四通者曰街。 大街。 街路。

古膎切。大道也。 又星名，昴西二星曰天街。

巷 去 衖

學去聲。里中小道也。俗呼為衖。京都謂之胡同。 小巷。 衖堂。

胡絳切。凡塗直曰街，曲曰巷。故大道而有小徑者謂之巷。宮中長廡相通曰永巷。

橋 平

音喬。架梁於水高而穹者曰橋。 浮橋。 橋梁。

巨嬌切。古時駢木為橋，或懸繩以渡，名曰絚橋。後世乃有石橋、鐵橋之制。引申之，凡器有橫梁者皆曰橋。 禮記奉席如橋衡。橋，桔槔上衡也。亦取橫梁之義。

路 去

音輅。徑之大者曰路。 道路。 路徑。

魯故切。行旅之塗也。鋪銕軌行火車者為銕路。其法創於西人。今中國已造者，由京而津而榆關而東三省為一路，由京而保定而定州為一路，由上海而吳淞為一路。 又大也。君之所在以大為號，如路門、路寢、路車是。

鎮 去

音震。力能定之曰鎮。 鎮守。 村之大者亦曰鎮。 鄉鎮。

陟刃切。壓也。凡藩封曰藩鎮。名山曰山鎮，皆取鎮壓之義。 又郊關之外，人烟湊雜者曰鎮。中國向有四大鎮，漢口、景德、佛山、朱仙是也。

邨 平 村

寸平聲。聚落也。 邨落。 鄉邨。

倉尊切。俗作村。經史無村字。

驛 入

音亦。馬遞曰驛。往來不絕曰駱驛。驛站。

羊益切。驛所以傳命也。傳車曰馹曰郵。置騎曰驛。引申之迎賓之館亦曰驛。

渡 去

音度。濟河曰渡。渡船。擺渡。

徒故切。

岸 去

音犴。水厓高者為岸。岸灘。石駁岸。

魚幹切。厓峻而水深者曰岸。轉為傲岸。魁岸之岸。謂其人高峻如崖岸也。又繫於朝廷者曰獄。繫於鄉亭者曰岸。

溝 平

音鉤。田間水道曰溝。水注谷亦曰溝。溝渠。深溝。

居侯切。溝構也。縱横相交構也。考工記九夫為井。井閒深四尺。廣四尺謂之溝。

渠 平

音蕖。水坑也。溝渠。

求於切。水所居曰渠。史記有河渠書。大渠曰河。小渠曰溝。河者天生之河。渠者人鑿之河也。又通鉅。大也。渠魁。渠帥。皆以大為義。又人我相對。別指一人曰渠。

田 平

音闐。地已耕者曰田。田地。種田。

待年切。樹穀曰田。外象封畛。內象阡陌。歲耕種者為不易上田。休一歲者為一易中田。休二歲者為再易下田。古之井田。隱寓限民名田之意。後世仿行之。每多流弊。

郊 平

音交。邑外為郊。荒郊。郊關。

古肴切。距國五十里為近郊。距國百里為遠郊。又祭名。冬日至大祀天於圜丘。謂之南郊。夏日至大祭地於方澤。謂之北郊。

野 上

音也。邑外曰郊。郊外曰野。野人。草野。

羊者切。去國百里謂之野。田野之士。樸而不文。故轉為鄙野之野。大野。藪名。兗州之澤也。

原 平

音元。大野曰平。廣平曰原。本原。原情。

愚袁切。俗作源。本也。泉之本曰原。尋其本之所在亦曰原。凡原委。原流之原。皆以本為義。凡推原。原諒之原。皆以尋其本為義。

隰 入

音習。下溼曰隰。田之新發者曰隰。原隰。

似入切。凡土地窪下而又沮洳者曰隰。

隴 上 壟

音壠。大阪曰隴。隴畝。壟斷。

力董切。隴阪謂隴坻。即今陜西鞏昌府之隴山也。漢隴西郡在隴山之西。故名。又田之高者曰隴。

畝 上

謀上聲。田十分為畝。畎畝。

莫後切。周制六尺為步。步百為畝。秦漢以二百四十步為一畝。今從之。

場 平

音長。隙地曰場。場屋。洋場。

直良切。祭神道也。築土為壇。除地為場。引申之凡地之平坦可以容衆者皆曰場。故治穀之地曰場。圍試士之地曰闈場。用兵之地曰戰場。皆取平坦之義。

墟 平

音虛。地廣大荒而不治曰墟。墟墓。故墟。

邱於切。說文昆侖邱謂之昆侖墟。墟者大邱也。大邱必空曠。故轉而為姚墟殷墟之墟。又渤海之東有大壑曰歸墟。言水之歸於壑如土之歸於邱也。

津 平

音蓁。渡也。天津。津梁。

將鄰切。自黃河泛舟而渡曰津。引申之凡水次皆曰津。又近於水者必潤。故假為津液之津。周禮其民黑而津。津潤也。

郵 平

音尤。傳送文書之舍也。郵政。置郵。

于求切。驛也。馬傳曰置。步傳曰郵。西人郵政。利歸公家。至特派大臣以主之。城市村鎮設置殆徧。中國通商各埠。近亦仿而行之。又郵亭。田畔草亭也。田畯居之以督民耕。謂之郵表畷。

衝 平

音種。路之四達者曰衝。衝煩。衝要。

尺容切。衝者。四通五達之衢也。今稱府縣當驛路者曰衝。亦宗此義。又突也。衝車用鐵著其轅端。所以衝突敵城而銳入也。

塗 平 途

音徒。路之未治者曰塗。又泥也。塗抹。糊塗。

同都切。塗亦路也。而有不潔之意。故引申為塗泥。塗炭之塗。又轉為塗改。塗抹之塗。三塗。太行轘轅崤澠也。皆在河南境內。

皋 平 皐

音高。水濱淤地也。九皋。皋陶。

姑勞切。皋之言高也。門之高者曰皋。如皋門是。岸之高者亦曰皋。如江皋漢皋是。又長聲而告之曰皋。

窟 入

音崛。獸穴曰窟。三窟。窟室。

苦骨切。兔之所穴謂之窟。引申之凡穴土皆曰窟。又申之凡有孔者皆曰窟。

藪 上

音叟。大澤也。淵藪。藪澤。

蘇后切。藪之言厚也。周禮九藪。爾雅十藪。其名畧異。

塵 平

音陳。風起揚埃曰塵。塵土。風塵。

池隣切。鹿行揚土也。本作𪋻。今省作塵。莊子以野馬比塵埃。謂其以息相吹。微而無着也。故數小於沙者為塵。

泥 平 去

音尼。水和土也。泥塗。尼去聲。滯也。

奴低切。水積於土則成泥。積之既久。滯而不通。故引申為拘泥之泥。讀乃計切。

塊 上 凷

音蒯。堅土曰塊。塊頭。石塊。

苦潰切。墣也。土之有結力者也。地曰大塊。胃中不平曰塊壘。皆有凝結之義。

隄 平 堤

音低。築防遏水曰隄。隄工。長隄。

都黎切。防也。又爾雅隄謂之梁。

壩 上

音霸。隄之橫截水流者曰壩。隄壩。

必駕切。壩者霸也。壘土以遏水。猶霸者之以力勝也。有低於水面，大水得冒之而過者，謂之滾水壩。壘石為橫隄不斷全流者曰掃壩。

堆 平

對平聲。小阜曰堆。堆積。灰堆。

都回切。聚土也。蜀有瞿塘灩澦堆。古稱天險。

隅 平

音虞。角也。城隅。四隅。

元俱切。角之方而不銳者曰隅。故海角曰海隅。一方謂之一隅。

歧 平

音祁。物兩為歧。歧途。臨歧。

巨支切。歧，歧路也。爾雅二達謂之歧。引申之，兩舌謂之歧舌。麥一莖雙穗謂之兩歧。

鄙 上 去

音比。郊以外曰鄙。鄙人。縣鄙。

補美切。周制五百家為鄙。太宰以八則治都鄙。蓋指王子弟公卿大夫采地言之也。引申為邊鄙之鄙。轉注為鄙陋之鄙。鄙古作啚。後誤認為圖字。遂稱為某都某啚。今仍之。

畔 去 叛

音叛。田之界也。畔岸。反叛。

薄半切。畔者一夫百畝之界。如農夫有畔是也。界畫則離。故為離畔之畔。又轉為背畔之畔。

隘 去

音縊。狹陋也。隘巷。險隘。

烏懈切。窄也。窄者必險，故引申為阻隘之隘。窄者必小，故引申為湫隘之隘。

遠 上 去

爰上聲。不近曰遠。遼遠。遠方。爰去聲。不使之近曰遠。

雲阮切。遠近之遠。上聲。如詩其人甚遠是也。于願切。遠離之遠。去聲。如論語敬鬼神而遠之是也。

邇 上

音爾。邇者遐之對也。遠邇。邇來。

兒氏切。近也。又通作爾。儀禮燕禮君南鄉爾卿。卿西面北上。爾大夫。謂揖而移之近之也。

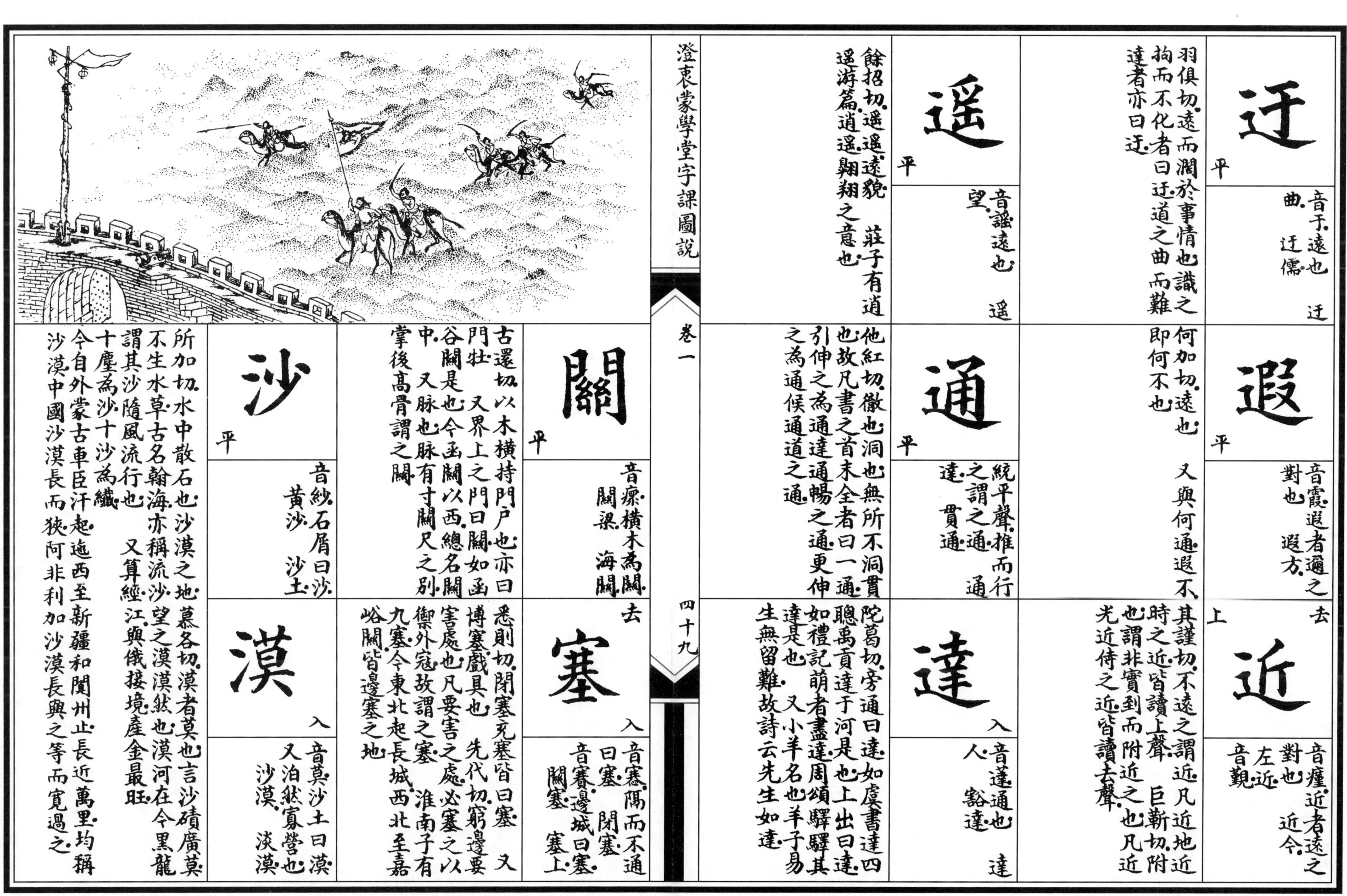

迂 平

音于。遠也。迂曲。迂儒。

羽俱切。遠而濶於事情也。識之拘而不化者曰迂。道之曲而難達者亦曰迂。

遐 平

音霞。遐者邇之對也。遐方。

何加切。遠也。 又與何通。遐不即何不也。

近 上 去

音瘽。近者遠之對也。近今。左近。音覲。

其謹切。不遠之謂近。凡近地近時之近皆讀上聲。 巨靳切。附也。謂非實到而附近之也。凡近光近侍之近皆讀去聲。

遥 平

音謠。遠也。遥望。

餘招切。遥遥。遠貌。 莊子有逍遥游篇。逍遥。翱翔之意也。

通 平

統平聲。推而行之謂之通。通達。貫通。

他紅切。徹也。洞也。無所不洞貫也。故凡書之首末全者曰一通。引伸之爲通達、通暢之通。更伸之爲通侯、通道之通。

達 入

音撻。通也。達人。豁達。

陀葛切。旁通曰達。如虞書達四聰。禹貢達于河是也。上出曰達。如禮記萌者盡達。周頌驛驛其達是也。 又小羊名也。羊子易生無留難。故詩云先生如達。

關 平

音瘝。橫木爲關。關梁。海關。

古還切。以木橫持門戶也。亦曰門牡。 又界上之門曰關。如函谷關是也。今函關以西。總名關中。 又脉也。脉有寸關尺之別。掌後高骨謂之關。

塞 去 入

音塞。隔而不通曰塞。閉塞。音賽。邊城曰塞。關塞。塞上。

悉則切。閉塞。充塞皆曰塞。 又博塞。戲具也。 先代切。窮邊要害處也。凡要害之處必塞之以禦外寇。故謂之塞。 淮南子有九塞。今東北起長城。西北至嘉峪關。皆邊塞之地。

沙 平

音紗。石屑曰沙。黄沙。沙土。

所加切。水中散石也。沙漠之地。不生水草。古名翰海。亦稱流沙。謂其沙隨風流行也。 又算經。十塵爲沙。十沙爲纖。

漠 入

音莫。沙土曰漠。 又泊然寡營也。沙漠。淡漠。

慕各切。漠者莫也。言沙磧廣莫。望之漠漠然也。漠河在今黑龍江。與俄接境。産金最旺。今自外蒙古車臣汗起。迤西至新疆和闐州止。長近萬里。均稱沙漠。中國沙漠長而狹。阿非利加沙漠長與之等而寬過之。

邊 平

音編。萬物之界曰邊。邊塞。四邊。

卑眠切。界乎鄰者為邊。今中國東邊日本。西北邊俄。南邊英法。

徼 去

音叫。塞也。東北謂之塞。西南謂之徼。邊徼。

古弔切。徼以遮繞為義。古之徼塞。柵木於水。以界蠻夷。有屏蔽中華之意。故謂之徼。

界 去

音戒。限也。疆界。界牌。

居拜切。區田為界。畫疆亦為界。界者。界於彼此之間。畫之區之。即以限之。故曰界限。

限 上

音艱。界之所畫曰限。限量。界限。

乎簡切。阻也。界之以阻之也。門閾以阻內外。故亦曰門限。又腰帶處曰限。易艮其限。謂在身之中。可以限上下也。

險 上

音獫。反平為險。險惡。危險。

虛檢切。阻也。阻者必隘。故路之狹隘者曰險。阻者必危。故人之傾危者曰險。

夷 平

音姨。路之坦者曰夷。東夷。夷狄。

以脂切。大也。東方之人也。蠻閩从虫。狄从犬。貉从豸。羌从羊。皆異種也。夷獨从大。夷平也。凡平者必相等。故轉為等夷之夷。相等則不爭。故轉為夷悅之夷。欲路之平。必芟其穢。故轉為芟夷之夷。及夷滅之夷。

氐 平 上

音邸。本也。根氐。音低。西羌種人也。氐奴。氐星。

丁禮切。氐即柢之古文。蔓根曰根。直根曰氐。又與柢同。大氐。大凡也。又都奚切。東方宿也。氐四星。似箕而側。亦謂之天根。又山海經有氐人國。氐西夷也。漢時居秦隴之西。

羌 平

音蜣。西戎牧羊人也。氐羌。羌乃。

墟羊切。羌三苗。姜姓之後。舜徙之於三危。在今藏衛之地。又羌乃也。楚人發語辭也。

戎 平

音絨。兵器也。戎狄。兵戎。

如融切。兵也。五戎弓殳矛戈戟也。引申之凡兵車曰戎車。又申之凡兵事曰戎事。西方曰戎。戎者兇也。斬伐生殺不得其中也。其種有六。又汝也。戎汝若而一聲之轉也。

狄 入 逖

音敵。北方曰狄。夷狄。音惕。逖矣。

徒歷切。狄者辟也。男女同穴。其行邪辟也。周禮稱六狄。禮記稱五狄。爾雅稱八狄。其說各殊。又吏之賤者曰狄。又他歷切。本作逖。遠也。

蠻 平

音鬘。南夷名也。蠻方。野蠻。

莫還切。蠻者縻也。禹貢三百里蠻。謂以文德羈縻之。不制以法。其種有八。又蠻蠻。比翼鳥也。山海經崇吾之山有鳥焉。其狀如鳧而一目一翼。相得乃飛。名蠻蠻。又綿蠻。鳥聲也。

貉 入 貊

音鶴。狐類。狐貉。音陌。北狄名也。蠻貊。大貊。小貊。

曷各切。貉性似貍。銳頭尖鼻。斑色。毛深溫厚。可以為裘。莫白切。通作貊。北方夷狄之名。在荒服者也。

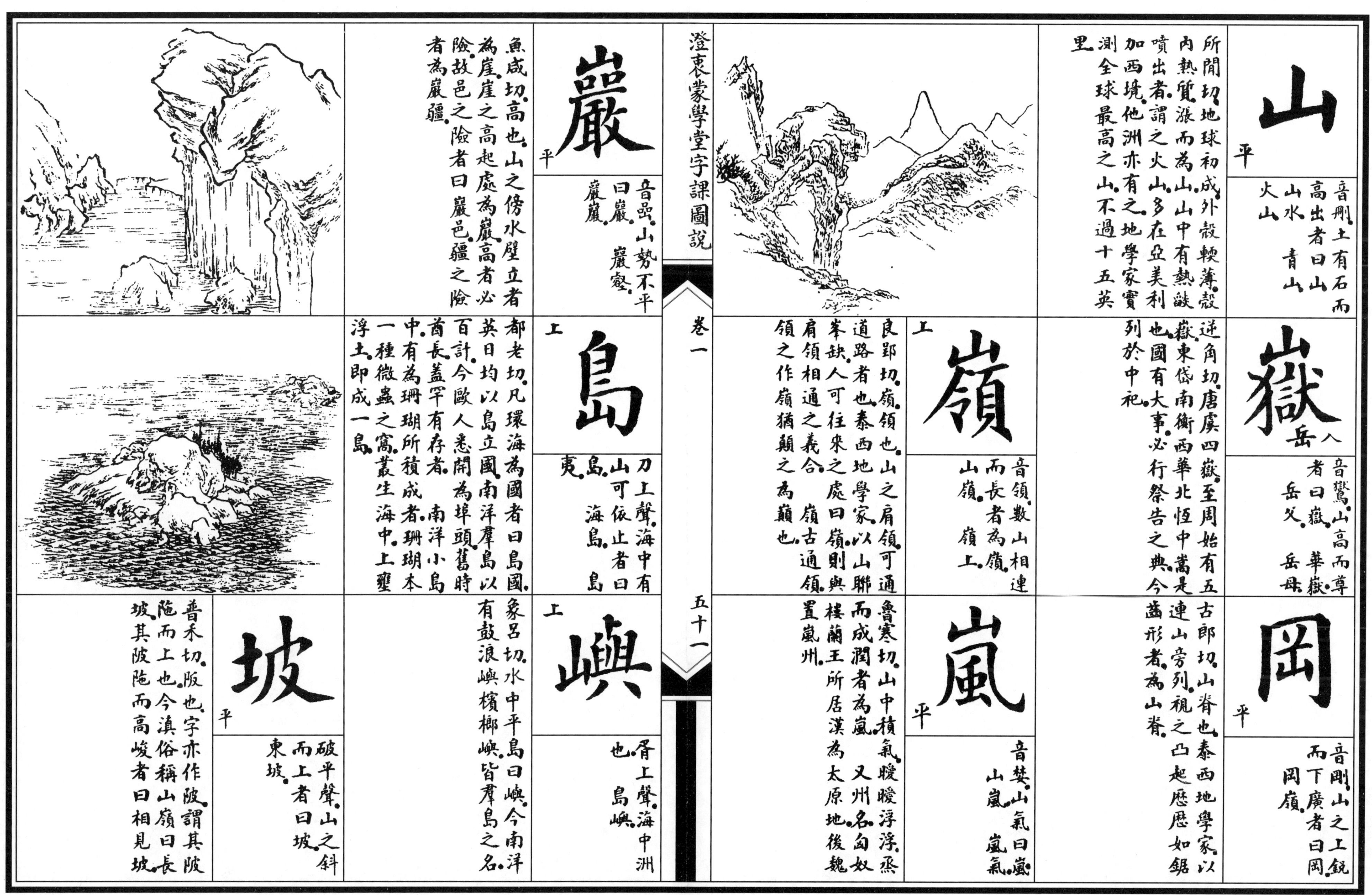

山 平

音刪 土有石而高出者曰山 山水 青山 火山

所閒切 地球初成外殼較薄 殼內熱質漲而為山 山中有熱燄噴出者謂之火山 多在亞美利加西境 他洲亦有之 地學家實測全球最高之山不過十五英里

嶽 入 岳

音鸑 山高而尊者曰嶽 華嶽 岳父 岳母

逆角切 唐虞四嶽 至周始有五嶽 東岱南衡西華北恒中嵩是也 國有大事必行祭告之典 今列於中祀

岡 平

音剛 山之上銳而下廣者曰岡 岡嶺

古郎切 山脊也 泰西地學家以連山旁列 視之凸起歷歷如鋸齒形者為山脊

嶺 上

音領 數山相連而長者為嶺 山嶺 嶺上

良郢切 嶺 領也 山之肩領可通道路者也 泰西地學家以山聯峯缺 人可往來之處曰嶺 則與肩領相通之義合 嶺古通領 領之作嶺 猶顛之為巔也

嵐 平

音婪 山氣曰嵐 山嵐 嵐氣

魯寒切 山中積氣 曖曖浮浮 烝而成潤者為嵐 又州名 匈奴樓蘭王所居 漢為太原地 後魏置嵐州

巖 平

音嵒 山勢不平曰巖 巖巖 巖壑

魚咸切 高也 山之傍水壁立者為崖 崖之高起處為巖 巖高者必險 故邑之險者曰巖邑 疆之險者為巖疆

島 上

刀上聲 海中有山可依止者曰島 海島 島夷

都老切 凡環海為國者曰島國 英日均以島立國 南洋羣島以百計 今歐人悉開為埠頭 舊時酋長蓋罕有存者 南洋小島中有為珊瑚所積成者 珊瑚本一種微蟲之窩 叢生海中 上壅浮土 即成一島

嶼 上

胥上聲 海中洲也 島嶼

象呂切 水中平島曰嶼 今南洋有鼓浪嶼 檳榔嶼 皆羣島之名

坡 平

破平聲 山之斜而上者曰坡 東坡

普禾切 阪也 字亦作陂 謂其陂陁而上也 今滇俗稱山嶺曰長坡 其陂陁而高峻者曰相見坡

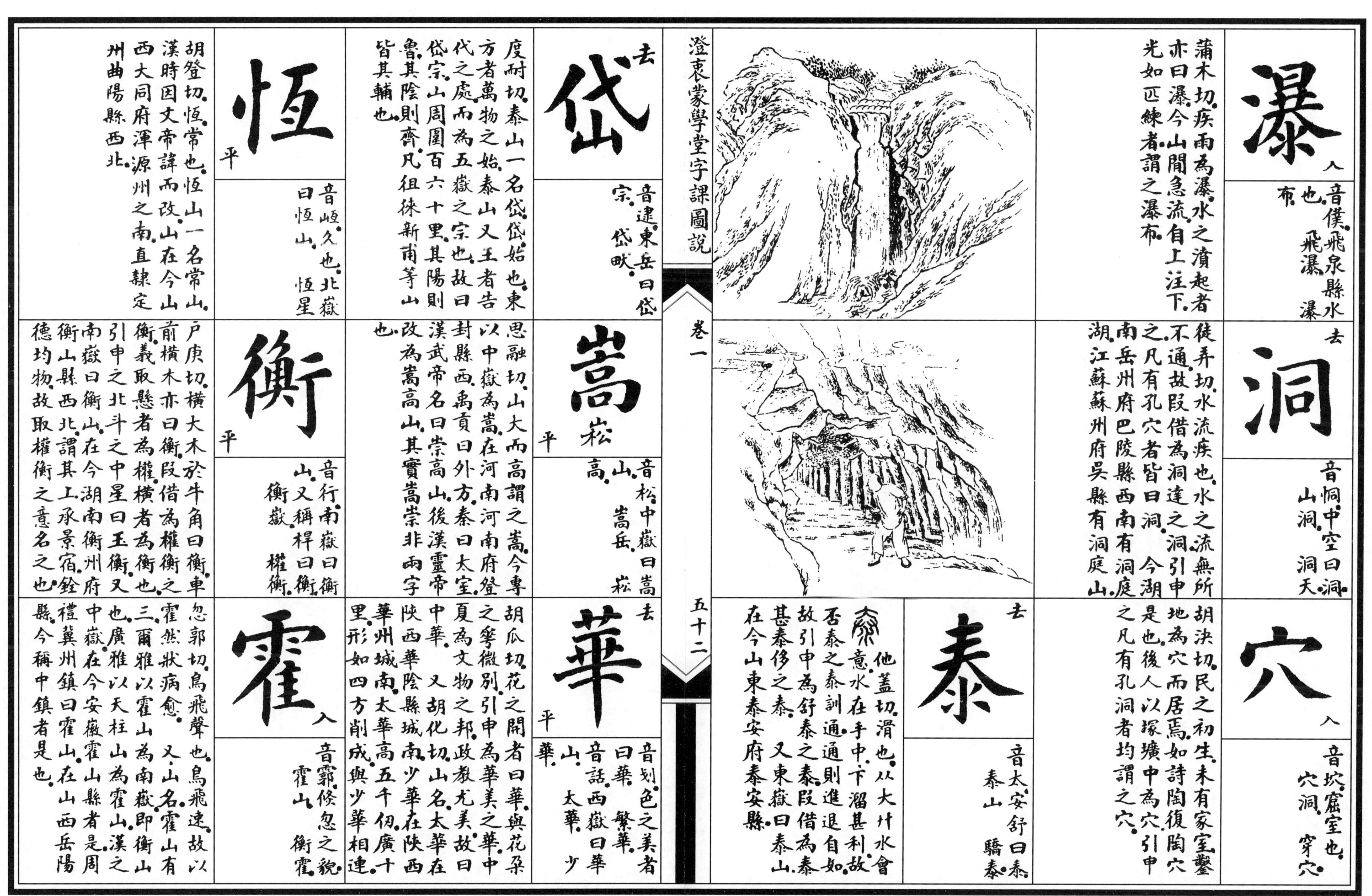

瀑 入

音僕。飛泉縣水也。飛瀑。瀑布。

蒲木切。疾雨為瀑。水之濆起者亦曰瀑。今山間急流，自上注下，光如匹練者，謂之瀑布。

洞 去

音恫。中空曰洞。山洞。洞天。

徒弄切。水流疾也。水之流無所不通，故段借為洞達之洞。引申之，凡有孔穴者皆曰洞。今湖南岳州府巴陵縣西南有洞庭湖，江蘇蘇州府吳縣有洞庭山。

穴 入

音坎。窟室也。穴洞。穿穴。

胡決切。民之初生，未有家室，鑿地為穴而居焉。如詩陶復陶穴是也。後人以掘壙中為穴。引申之，凡有孔洞者均謂之穴。

泰 去

音太。安舒曰泰。泰山。驕泰。

他蓋切。滑也。从大廾水會意。水在手中，下溜甚利，故否泰之泰訓通。通則進退自如，故引申為舒泰之泰。段借為泰甚泰侈之泰。又東嶽曰泰山，在今山東泰安府泰安縣。

岱 去

音逮。東岳曰岱宗。岱畎。

度耐切。泰山一名岱。岱，始也。東方者萬物之始。泰山又王者告代之處，而為五嶽之宗也。故曰岱宗。山周圍百六十里。其陽則魯，其陰則齊。凡徂徠、新甫等山，皆其輔也。

嵩 平 崧

音松。中嶽曰嵩山。嵩岳。崧高。

思融切。山大而高謂之嵩。今專以中嶽為嵩。在河南河南府登封縣西。禹貢曰外方，秦曰太室，漢武帝名曰崇高山。後漢靈帝改為嵩高山。其實嵩崇非兩字也。

華 去 平

音划。色之美者曰華。繁華。

音話。西嶽曰華山。太華。少華。

胡瓜切。花之開者曰華，與花朵之萼微別。引申為華美之華。中夏為文物之邦，政教尤美，故曰中華。 又胡化切。山名。太華在陝西華陰縣城南。少華在陝西華州城南。太華高五千仞，廣十里，形如四方削成，與少華相連。

恒 平

音峘。久也。北嶽曰恒山。恒星。

胡登切。恒，常也。恒山一名常山。漢時因文帝諱而改。山在今山西大同府渾源州之南，直隸定州曲陽縣西北。

衡 平

音行。南嶽曰衡山。又稱桿曰衡。衡嶽。權衡。

戶庚切。橫大木於牛角曰衡。車前橫木亦曰衡。段借為權衡之衡。義取懸者為權，橫者為衡也。引申之，北斗之中星曰玉衡。又南嶽曰衡山，在今湖南衡州府衡山縣西北。謂其上承景宿，銓德均物，故取權衡之意名之也。

霍 入

音霩。倏忽之貌。霍山。衡霍。

忽郭切。鳥飛聲也。鳥飛速，故以霍然狀病愈。 又山名。霍山有三。爾雅以霍山為南嶽，即衡山也。廣雅以天柱山為霍山。漢之中嶽在今安徽霍山縣者是。周禮冀州鎮曰霍山，在山西岳陽縣。今稱中鎮者是也。

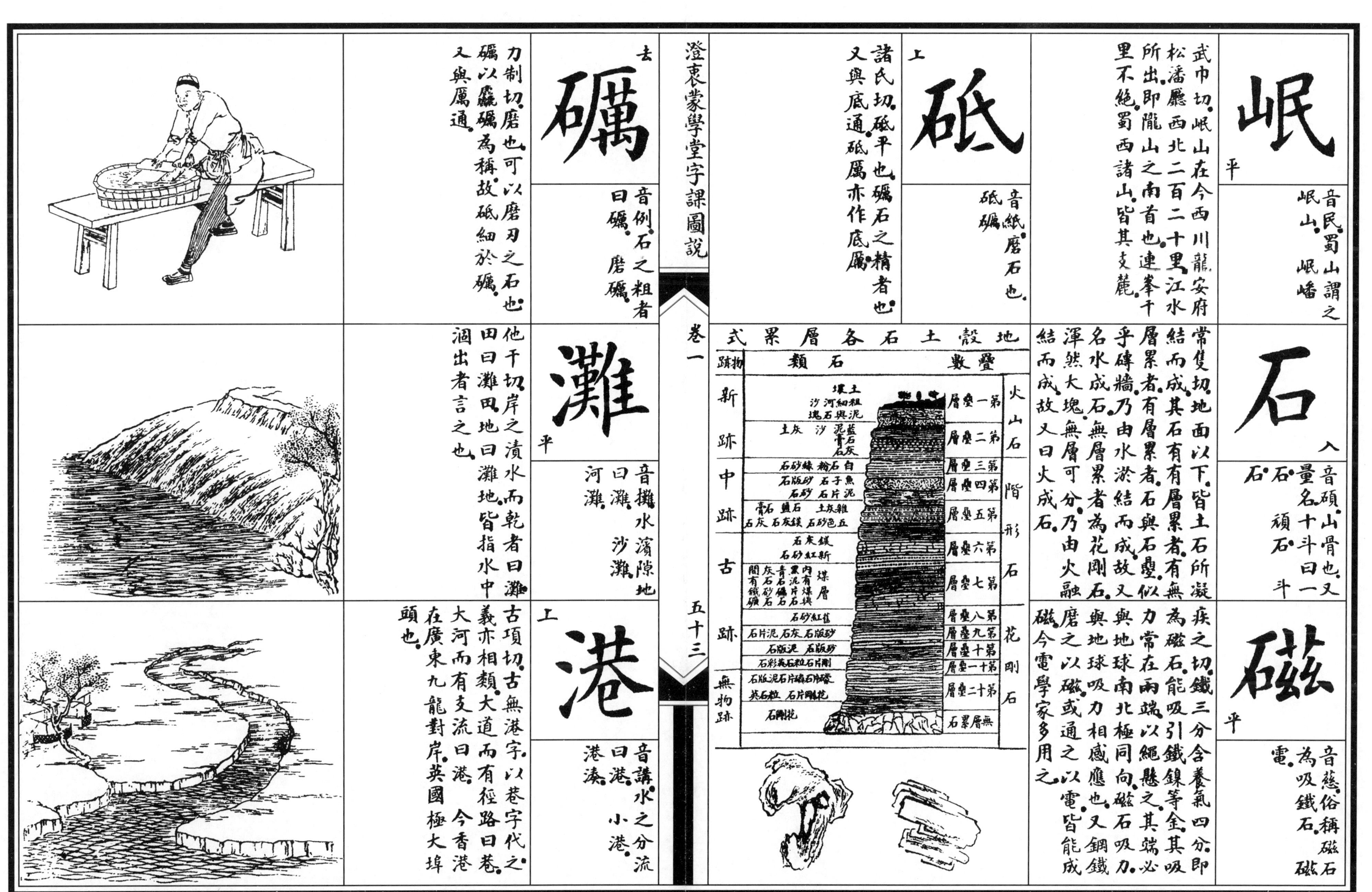

澄衷蒙學堂字課圖說

卷一

五十三

岷

平

音民。蜀山謂之岷山。岷嶓。

武巾切。岷山在今西川龍安府松潘廳西北二百二十里。江水所出。即隴山之南首也。連峯千里不絕。蜀西諸山皆其支麓。

砥

上

音紙。磨石也。砥礪。

諸氏切。砥平也。礪石之精者也。又與底通。砥厲亦作底厲。

石

入

音碩。山骨也。又量名。十斗曰一石。碩石。斗石。

常隻切。地面以下。皆土石所凝結而成。其石有有層累者。有無層累者。有層累者。石與石疊似乎磚牆。乃由水淤結而成。故又名水成石。無層累者為花剛石。渾然大塊。無層可分。乃由火融結而成。故又曰火成石。

磁

平

音慈。俗稱磁石。為吸鐵石。磁石。磁電。

疾之切。鐵三分含養氣四分。即為磁石。能吸引鐵鎳等金。其吸力常在兩端。以繩懸之。其端必與地球南北極同向。磁石吸力與地球吸力相感應也。又鋼鐵磨之以磁。或通之以電。皆能成磁。今電學家多用之。

礪

去

音例。石之粗者曰礪。磨礪。

力制切。磨也。可以磨刃之石也。礪以麤礪為稱。故砥細於礪。又與厲通。

灘

平

音攤。水瀕隙地曰灘。沙灘。河灘。

他干切。岸之瀆水而乾者曰灘。田曰灘田。地曰灘地。皆指水中涸出者言之也。

港

上

音講。水之分流曰港。小港。港湊。

古項切。古無港字。以巷字代之。義亦相類。大道而有徑路曰巷。大河而有支流曰港。今香港在廣東九龍對岸。英國極大埠頭也。

涯 平

音崖。水濱也。天涯。

五佳切。水之盡處曰涯。引申之凡有盡者皆曰涯。

瀕 濱 平

音賓。水厓也。海濱。

必鄰切。瀕。邊也。水瀕猶之水邊也。引申為近。為鄰。史記鄒魯瀕洙泗。國語是以瀕於死。皆取鄰近之義。

灣 平

音彎。水曲曰灣。轉灣。灣曲。

烏還切。凡水折而方者曰曲。折而圓者曰灣。

坎 上

音砍。穿地曰坎。坎卦。

苦感切。陷也。險也。易卦坎為水☵。謂其陷於重險不能自脫也。故引申為坎窞之坎。段借為坎壈坎坷之坎。

阬 坑 平

音砊。坎陷曰阬。阬谷。坑廁。

客庚切。高阜也。段為阬坎之阬。殺人者必棄其屍於阬。故引申為焚書坑儒之坑。俗謂圊廁曰坑。亦以坑坎為義。

水 上

稅上聲。地面流質曰水。山水。

式軌切。養氣八輕氣一化合則成水。附於地面。流動而不息者也。以地球全面計之。水居十分之七。大者為海洋。小者為溝瀆。 又水星為八大行星之一。去日最近者也。

洋 平

音陽。海水茫無涯涘曰洋。西洋。東洋。

移章切。今中國以直東奉吉黑為北洋。江浙閩廣為南洋。西人以近北極為北冰洋。近南極為南冰洋。亞洲澳洲以東美洲以西為太平洋。美洲以東歐洲非洲以西為大西洋。亞洲以南非洲以東澳洲以西為印度洋。

滄 平

音倉。寒也。滄州。

七剛切。涼也。日初出滄滄涼涼也。昔人謂日出扶桑。扶桑者。東海之名。故又以海為滄海。 又滄浪水名。在今湖北均州境。

瀛 平

音盈。洋也。瀛寰。大瀛海。

怡成切。古稱裨海所環為州。大瀛海所環為九州。謂大瀛海其分派也。今西人以大海為洋。而稱其分派曰海。其說正同。蓋今之太平洋大西洋印度洋南北冰洋。皆所謂大瀛海也。

江 平

音杠。四瀆之一也。長江。

古雙切。江水出四川龍安府松潘廳西北大分水嶺。即禹貢之岷山也。東流經湖北湖南江西安徽至江蘇昭文縣境入海。今西人統謂之揚子江。亞洲之江。莫大乎是。 又江者。大河之通稱也。

河 平

音何。河者。水之伯。四瀆之宗也。黃河。

寒歌切。河源出於青海枯爾坤山。即昆侖也。東經甘肅陝西河南。至山東由大清河入海。 本朝河工。以黃淮為大。運河永定河次之。黃河自底柱以上。兩岸皆山。以下則地勢平坦。沙泥淤積。河身日高。遂多橫決之患。

峽 入

音洽。兩山之間曰峽。海峽。峽江。

胡夾切。山峭而夾水謂之峽。峽，隘也。謂其險隘不可徑趨也。三峽曰西陵峽、曰歸鄉峽、曰巫峽，在今湖北宜昌府、四川夔州府境內。七百里中兩岸連山，非亭午夜分，不見日月。

峯 平

音風。山之聳而上削者曰峯。峯頭。山峯。

敷容切。山耑也。謂其直上而銳也。泰西地學家以一綫挺立者為峯，則與直上而銳之義合。

陵 平

音淩。大阜曰陵。陵夷。邱陵。

力膺切。邱之大者曰陵。帝王所葬之地亦曰陵，謂其冢之高有似山陵也。段借為陵轢之陵。此有所陵，彼必有所屈，故又段為陵遲、陵替之陵。

邱 丘 平

音蚯。陵之小者曰邱。邱陵。

去鳩切。古以土四方高中央下為邱，實則邱陵、邱墓之邱，皆指中央高四方下言之也。又周制四邑曰邱，邱十六井。孟子邱民之義取諸此。

阜 去 上

音螽。土山也。阜財。邱阜。

房缶切。大陸曰阜。山無石者曰阜。引申為盛大之義。凡阜財、阜螽之阜，皆取義於此。

谷 入

音穀。兩山間流水之道也。深谷。

古祿切。兩山之間必有川，水之注於川者曰谿，水之注於谿者曰谷。今統以山溝曰谷。引申之，凡虛而能受者皆曰谷。如老子曠兮若谷是也。更申之，凡窒而不通者皆曰谷。如詩進退維谷是也。

壑 入

音臛。水之所歸曰壑。邱壑。

黑各切。溝也。阬也。谷也。皆受水之處也。引申之，凡虛而善受者皆曰壑。莊子稱海為大壑，謂其注而不滿，酌而不竭也。

澗 上

音覸。山夾水也。溪澗。

居莧切。澗，間也。言水在兩山間也。又水名。今澗水出河南河南府澠池縣東北白石山，東流合穀水，至洛陽縣西入於洛。

湖 平

音胡。大陂也。湖南。湖北。

洪孤切。凡汪汪千頃可仰以灌溉者，南方名曰湖。周禮揚州其浸五湖，即今太湖也。兼長蕩湖、射湖、貴湖、滆湖，謂之五湖。

淮 平

音懷。四瀆之一，而青州之浸也。淮安。江淮。

戶乖切。淮水出今河南南陽府桐柏縣桐柏山，東流經安徽境，匯為洪澤湖，分流入於江海。

泗 去

音四。水名。青州之川也。泗州。淮泗。

息利切。泗水出今山東兗州府泗水縣陪尾山，經曲阜縣與沂合，至濟甯州天津閘入運河。古道則至江蘇清河縣入淮。今自徐州以南，為淮所占矣。段借為涕泗之泗。

漢 去

音暵。合江之大水也。又俗稱男子曰漢子。江漢。漢朝。好漢。

虛汗切。漢水出今陝西甯羌州北嶓冢山，為漾，東過南鄭縣為漢，東流至湖北襄陽府均州為滄浪水，又東南至漢陽府大別山為漢口，入於江。雲漢，天河也。又代名。承秦後者為西漢、東漢、蜀漢。今沿稱中國人為漢人。

濟 上 去 泲

音秭。四瀆之一也。音霽。渡河曰濟。

子禮切。濟水出河南濟源縣王屋山，伏數十里，復出至溫縣南入河。今山東大小清河，即濟之故道也。又一水出直隸贊皇縣，至甯晉縣入胡盧河。濟者，渡也。言源出河北，渡河而南也。讀子計切。引申之為寬猛相濟之濟。

漳 平

音章。水名。冀州之川也。漳江。漳絨。

諸良切。清漳有二源，一自山西平定州，一自山西和順縣，並流至遼州交漳村而合，旋經黎城縣入河南林縣界，與濁漳會，又東北入直隸，至天津之西，會白河而入海。濁漳詳潞字註。

涇 平

音經。水名。雍州之川也。涇原。

堅雲切。涇水出今甘肅平涼府平涼縣笄頭山，東北流至陝西西安府高陵縣，合於渭。渭濁而涇清，二水合流，絕不相混，故謂事之不相雜者曰涇渭。

渭 去

音胃。水名。雍州之浸也。渭河。涇渭。

于貴切。今渭水出甘肅鞏昌府渭源縣鳥鼠山，東南流至陝西同州府華陰縣，北會洛水，入於河。

潁 上

音穎。水名。荊州之浸也。潁上。

庚頃切。潁水源出河南河南府登封縣少室山，東南流至安徽潁上縣入淮。

洛 入

音落。水名。雍州之浸也。洛陽。

力各切。今洛水有二：一出陝西商州熊耳山，東北流至河南氾水縣滿家溝入河，是為南洛；一出甘肅慶陽府安化縣白於山，至陝西朝邑縣入河，是為北洛。

淇 平

音其。水名。淇園。

渠宜切。淇水出河南衛輝府輝縣東北八里之共山，東南流經淇縣西北，與清水合，又東南流至濬縣北，又南東流合於衛河。

潞（去）

音路。水名。冀州之浸也。潞黨　參　潞河。

洛故切。潞水即濁漳也。濁漳有二源。西源出山西長子縣西南發鳩山。北源出沁州西北伏牛山。至襄垣縣南。二水乃合。東南流至河南林縣交津口。與清漳會。

潼（平）

音同。水名。潼關。梓潼。

徒紅切。今潼江源出四川梓潼縣。下流入涪江。潼關在今陝西同州府潼關廳。關西別有潼水。因以名之。

汶（去）

音問。水名。汶上。

文運切。漢志有二汶。一出山東泰安府萊蕪縣原山。西南過壽張縣安民亭。入於濟。今河運全資汶水。而入濟之故道湮矣。一出青州府臨朐縣沂山。至安邱縣合於濰。

淞（平）

音松。江名。吳淞。

息恭切。淞江一名笠澤。一名松陵江。一名吳淞江。由蘇州三江口分流。東經崑山上海嘉定諸縣。迤邐至吳淞口入於海。

沂（平）

音溰。水名。青州之浸也。

魚衣切。沂水出山東沂州府沂水縣雕崖山。至江蘇邳州境入運河。

浦（上）

音普。大水有小口別通者曰浦。下　海浦。黃　浦灘。

滂五切。水厓也。

滬（上）

音戶。水名。上海名滬城。亦曰滬瀆。滬上。淞　滬。

後五切。列竹於海澨曰滬。蓋取魚具也。段借為松滬之滬。古稱淞江之側有滬瀆壘。上海縣東北有滬瀆城。今淞江入海。無復有瀆。而上海則仍沿滬瀆之名。

派（去）

音𠂢。水之別支曰派。派頭。官派。大派。

匹卦切。派者。分也。分者曰派。分之亦曰派。故水之別出一源者曰支派。學之別成一家者曰宗派。

泉（平）

音全。雨水入山隙。溢而為泉。泉水。流泉。

才緣切。水源也。象水流出成川字形也。凡平地湧出者曰濫泉。亦曰檻泉。山間懸溜而下曰沃泉。石壁中有穴旁出者曰氿泉。又泉即錢也。取流通之義。亦與布通。其藏曰泉。其行曰布。

濤（平）

音陶。風力猛則水湧而成濤。洪濤。奔濤。

徒刀切。大波也。水之涌起者曰波。波之起而復還者曰濤。

源（平）

音元。由流而逆溯之曰源。源頭。探源。

愚袁切。源古作原。源者。水之本也。引申之凡有本者皆曰源。

汛（去）

音信。潮汐曰汛。潮汛。汛官。

息晉切。灑也。灑而後埽謂之汛。埽引申為潮汛之汛。汛言水散如飛灑也。段借為訊。今所用汛地字。蓋識詰往來行人處也。

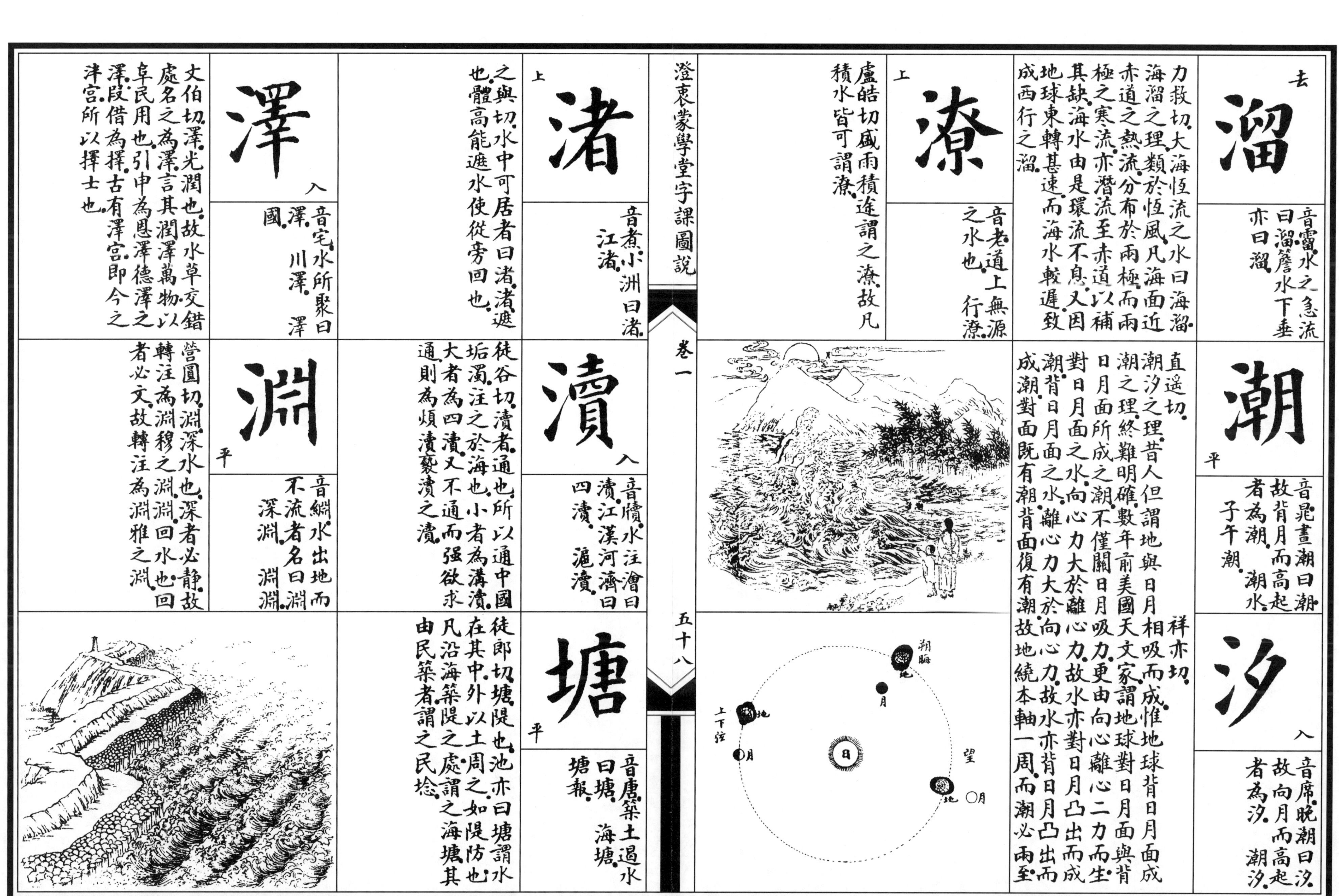

溜

去

音霤。水之急流曰溜。簷水下垂亦曰溜。

力救切。大海恆流之水曰海溜。海溜之理。類於恆風。凡海面近赤道之熱流。分布於兩極。而兩極之寒流。亦潛流至赤道。以補其缺。海水由是環流不息。又因地球東轉甚速。而海水較遲。致成西行之溜。

潮

平

音晁。晝潮曰潮。故背月而高起者為潮。潮水。子午潮。

直遥切。潮汐之理。昔人但謂地與日月相吸而成。惟地球背日月面成潮之理。終難明確。數年前美國天文家謂地球對日月面與背日月面所成之潮。不僅關日月吸力。更由向心離心二力而生。對日月面之水。向心力大於離心力。故水亦對日月凸出而成潮。背日月面之水。離心力大於向心力。故水亦背日月凸出而成潮。對面既有潮。背面復有潮。故地繞本軸一周。而潮必兩至。

汐

入

音席。晚潮曰汐。故向月而高起者為汐。潮汐。

祥亦切。

潦

上

音老。道上無源之水也。行潦。

盧皓切。盛雨積潦謂之潦。故凡積水皆可謂潦。

渚

上

音煮。小洲曰渚。江渚。

之與切。水中可居者曰渚。渚。遮也。體高能遮水使從旁回也。

瀆

入

音犢。水注澮曰瀆。江漢河濟曰四瀆。溝瀆。

徒谷切。瀆者。通也。所以通中國垢濁。注之於海也。小者為溝瀆。大者為四瀆。又不通而強欲求通。則為煩瀆。褻瀆之瀆。

塘

平

音唐。築土遏水曰塘。海塘。塘報。

徒郎切。塘。隄也。池亦曰塘。謂水在其中。外以土周之。如隄防也。凡沿海築隄之處。謂之海塘。其由民築者。謂之民埝。

澤

入

音宅。水所聚曰澤。川澤。澤國。

文伯切。澤。光潤也。故水草交錯處名之為澤。言其潤澤萬物。以阜民用也。引申為恩澤德澤之澤。段借為擇。古有澤宮。即今之泮宮。所以擇士也。

淵

平

音[illegible]。水出地而不流者名曰淵。深淵。淵淵。

縈圓切。淵。深水也。深者必靜。故轉注為淵穆之淵。淵。回水也。回者必文。故轉注為淵雅之淵。

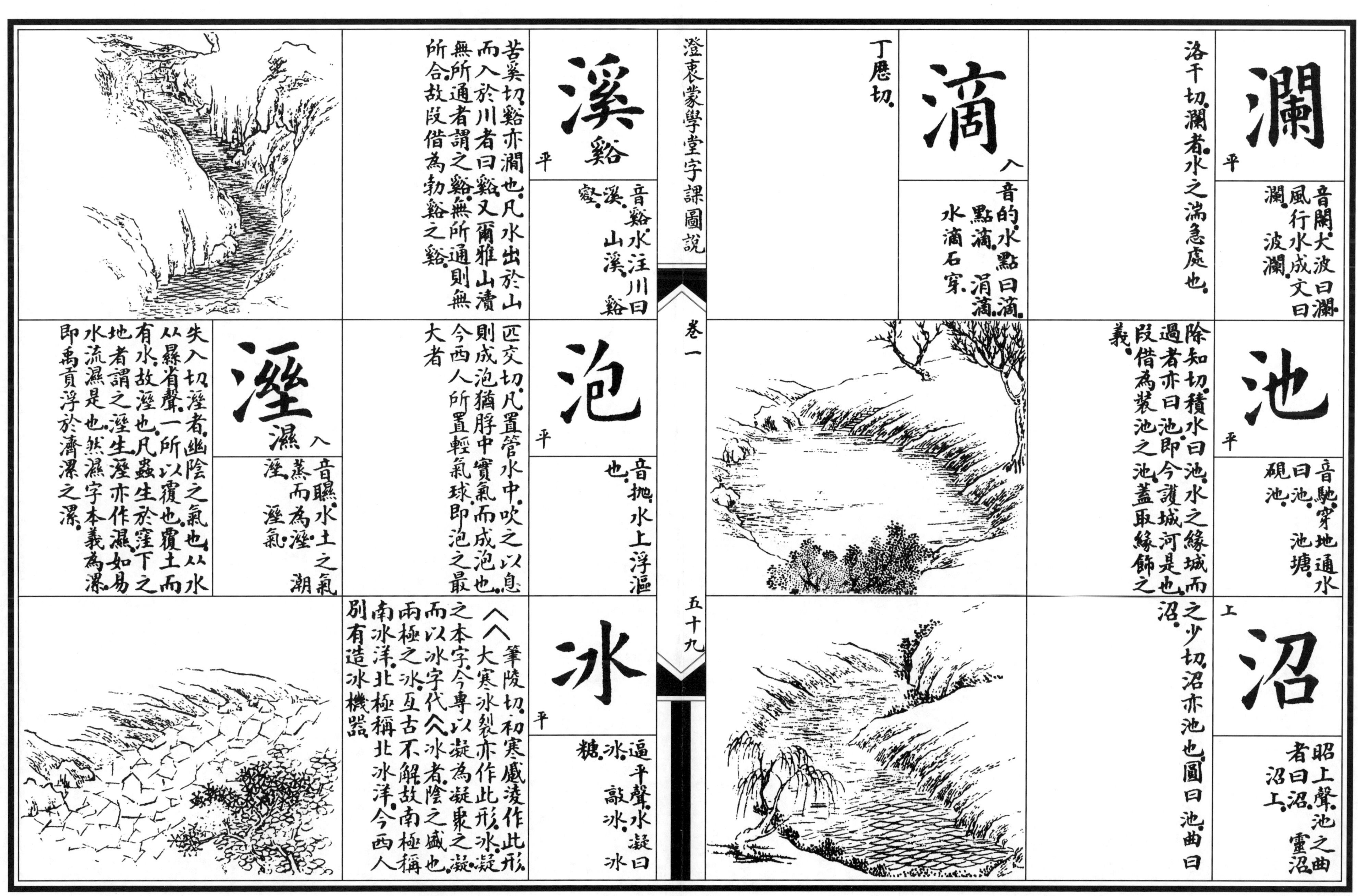

瀾 平

音闌。大波曰瀾。風行水成文曰瀾。波瀾。

洛干切。瀾者，水之湍急處也。

滴 入

音的。水點曰滴。點滴。涓滴。水滴石穿。

丁歷切。

池 平

音馳。穿地通水曰池。池塘。硯池。

除知切。積水曰池。水之緣城而過者亦曰池，即今護城河是也。段借為裝池之池，蓋取緣飾之義。

沼 上

昭上聲。池之曲者曰沼。靈沼。沼上。

之少切。沼亦池也。圓曰池，曲曰沼。

溪 谿 平

音谿。水注川曰谿。山溪。溪壑。

苦奚切。谿亦澗也。凡水出於山而入於川者曰谿。又爾雅：山瀆無所通者謂之谿。無所通則無所合，故段借為勃谿之谿。

泡 平

音拋。水上浮漚也。

匹交切。凡置管水中，吹之以息，則成泡，猶脬中實氣而成泡也。今西人所置輕氣球，即泡之最大者。

溼 濕 入

音隰。水土之氣蒸而為溼。潮溼。溼氣。

失入切。溼者，幽陰之氣也。从水从㬎省聲。一所以覆也。覆土而有水，故溼也。凡蟲生於窪下之地者謂之溼生。溼亦作濕，如易水流濕是也。然濕字本義為濕水，即禹貢浮於濟漯之漯。

冰 平

逼平聲。水凝曰冰。敲冰。冰糖。

仌筆陵切。初寒瀐淩作此形，大寒冰裂亦作此形。冰，凝之本字，今專以凝為凝聚之凝，而以冰字代仌。冰者陰之盛也。兩極之冰亙古不解，故南極稱南冰洋，北極稱北冰洋。今西人別有造冰機器。

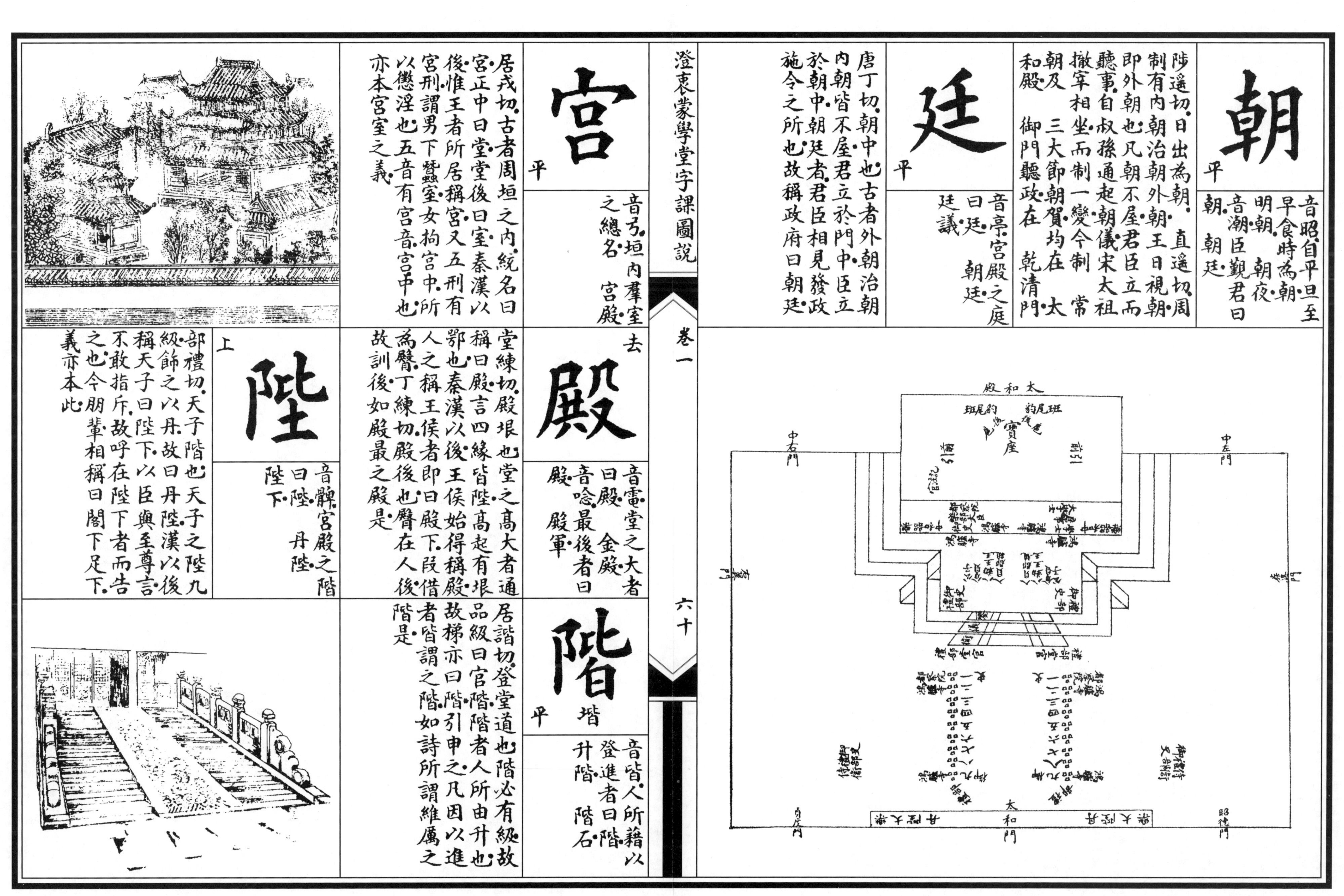

朝 平

音昭 自平旦至早食時爲朝 明朝 朝夜
音潮 臣覲君曰朝 朝廷

陟遥切。日出爲朝。直遥切。周制有内朝治朝外朝。王日視朝即外朝也。凡朝不屋。君臣立而聽事。自叔孫通起朝儀。宋太祖撤宰相坐而制一變。今制常朝及三大節朝賀均在太和殿。御門聽政在乾清門。

廷 平

音亭 宮殿之庭曰廷 朝廷 廷議

唐丁切。朝中也。古者外朝治朝内朝皆不屋。君立於門中。臣立於朝中。朝廷者君臣相見發政施令之所也。故稱政府曰朝廷。

宮 平

音弓 垣内羣室之總名 宮殿

居戎切。古者周垣之内統名曰宮。正中曰堂。堂後曰室。秦漢以後惟王者所居稱宮。又五刑有宮刑。謂男下蠶室女拘宮中。所以懲淫也。五音有宮音。宮中也。亦本宮室之義。

殿 去

音電 堂之大者曰殿 金殿
音唸 最後者曰殿 殿軍

堂練切。殿垠也。堂之高大者通稱曰殿。言四緣皆陛高起有垠鄂也。秦漢以後王侯始得稱殿。人之稱王侯者即曰殿下。段借爲臀。丁練切。殿後也。臀在人後。故訓後。如殿最之殿是。

陛 上

音髀 宮殿之階曰陛 丹陛 陛下

部禮切。天子階也。天子之陛九級。飾之以丹。故曰丹陛。漢以後稱天子曰陛下。以臣與至尊言不敢指斥。故呼在陛下者而告之也。今朋輩相稱曰閣下足下。義亦本此。

階 平 堦

音皆 人所藉以登進者曰階 升階 階石

居諧切。登堂道也。階必有級。故品級曰官階。階者人所由升也。故梯亦曰階。引申之。凡因以進者皆謂之階。如詩所謂維厲之階是。

壇 平

音彈 祭場曰壇 天壇 壇墠

唐闌切 築土為壇 除地為墠 祭神之所也 今祀天地社稷日月天神地祇先農先蠶及太歲皆以壇

觀 平 去

音官 諦視曰觀 觀察
官去聲 臺上構室曰觀 宮觀

古丸切 異於常視也 以此視彼曰觀 使彼視此即曰觀 讀古玩切 引申之 凡懸法以示人者 其所懸之處亦曰觀 如宮觀之觀是也 更申之 凡築臺以觀雲物 封土以示武功 亦皆曰觀 又卦名䷓

闕 入

音缺 兩觀之隙地曰闕 補闕 鳳闕

邱月切 凡平地四方而高者為臺 不必方而高者為觀 古天子之制 觀在門左右 其中央空隙之路謂之闕 即象魏也 闕則不完 故引申為殘闕 闕疑之闕

廟 去

音苗去聲 奉神之宮曰廟 宗廟 聖廟 羣廟

眉召切 皃也 所以奉先人之形皃也 凡有東西廂者曰廟 無曰寢 天子七廟 諸侯五廟 大夫三廟 士一廟 庶人有寢而無廟 引申之 凡奉神鬼之室皆曰廟 古者謀事必於廟 故國功曰廟算 曰廟謨

學 入

音鷽 師人之善曰學 學問 學堂

胡覺切 學之為言效也 效其所不能也 引申之 所學之事即曰學 如學問是 所從學之處亦曰學 如學校是 又天子之學曰辟雍 辟雍即太學也

校 去

音教 比對曰校 校對
音效 庠序之異名 學校

居效切 交木也 凡足鐐項枷馬廄及大獵遮鳥獸之欄皆曰校 謂交木為之也 營壘外每交木以止敵 故壘謂之校 其裨將謂之校尉 交木有長短相比之意 故引申為比校之校 庠序所以校量人才 故亦曰校 讀胡孝切

庠 平

音祥 學校之總名 庠生 在庠

似陽切 庠者養也 古者養老於學 故曰庠 有虞氏有上庠下庠 謂大學小學也 周謂學校為庠 今謂入府縣學者為游庠 沿古稱也

序 上

音緒 位次曰序 定其位次亦曰序 次序 庠序

象呂切 序者室之東南牆也 殷以國學為序 周以州學為序 序射也 所以習射也 段借為敘次第也 如言有序及四時合其序是 又第其先後也 如序賓以賢是 又段為緒 如繼序思不忘是

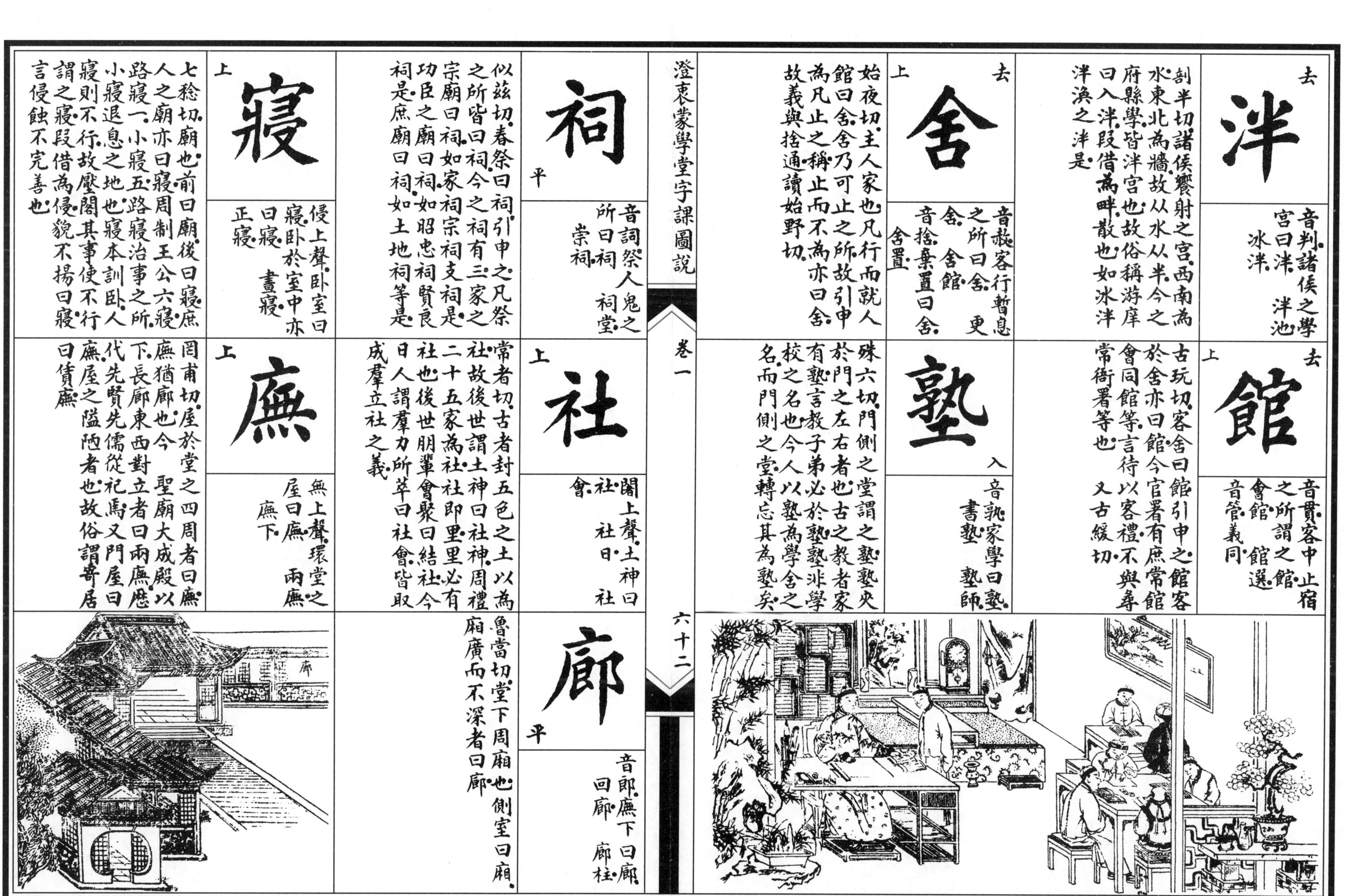

泮 去

音判。諸侯之學宮曰泮。 泮池。 冰泮。

剖半切。諸侯饗射之宮。西南為水。東北為牆。故从水从半。今之府縣學。皆泮宮也。故俗稱游庠曰入泮。段借為畔。散也。如冰泮泮渙之泮是。

舍 去 上

音赦。客行暫息之所曰舍。 更舍。 舍館。

音捨。棄置曰舍。 舍置。

始夜切。主人家也。凡行而就人館曰舍。舍乃可止之所。故引申為凡止之稱。止而不為亦曰舍。故義與捨通。讀始野切。

館 去 上

音貫。客中止宿之所謂之館。 會館。 館選。

音管。義同。

古玩切。客舍曰館。引申之。館客於舍亦曰館。今官署有庶常館。會同館等。言待以客禮。不與尋常衙署等也。 又古緩切。

塾 入

音孰。家學曰塾。 書塾。 塾師。

殊六切。門側之堂謂之塾。塾夾於門之左右者也。古之教者家有塾。言教子弟必於塾。塾非學校之名也。今人以塾為學舍之名。而門側之堂。轉忘其為塾矣。

祠 平

音詞。祭人鬼之所曰祠。 祠堂。 崇祠。

似茲切。春祭曰祠。引申之。凡祭之所皆曰祠。今之祠有三。家之宗廟曰祠。如家祠宗祠支祠是。功臣之廟曰祠。如昭忠祠賢良祠是。庶廟曰祠。如土地祠等是。

寢 上

侵上聲。臥室曰寢。臥於室中亦曰寢。 晝寢。 正寢。

七稔切。廟也。前曰廟。後曰寢。庶人之廟亦曰寢。周制王公六寢。路寢一。小寢五。路寢治事之所。小寢退息之地也。寢本訓臥。人寢則不行。故壓閣其事使不行謂之寢。段借為侵。貌不揚曰寢。言侵蝕不完善也。

社 上

闍上聲。土神曰社。 社日。 社會。

常者切。古者封五色之土以為社。故後世謂土神曰社。神。周禮二十五家為社。社即里。里必有社也。後世朋輩會聚曰結社。今日人謂羣力所萃曰社會。皆取成羣立社之義。

廡 上

無上聲。環堂之屋曰廡。 兩廡。 廡下。

罔甫切。屋於堂之四周者曰廡。廡猶廊也。今 聖廟大成殿以下。長廊東西對立者曰兩廡。歷代先賢先儒從祀焉。又門屋曰廡。廡屋之隘陋者也。故俗謂寄居曰賃廡。

廊 平

音郎。廡下曰廊。 回廊。 廊柱。

魯當切。堂下周廡也。側室曰廂。廂廣而不深者曰廊。

衙 平

音牙。官署曰衙。
衙門。官衙。

牛加切。行皃。段借為牙。古稱將校曰牙。官曰牙。將取牙爪之義也。牙將之署曰牙門。亦作衙門。今為官署之通稱。

署 去

音曙。官廨曰署。
衙署。署理。

常恕切。署位也。官廨為職官治事之位。故曰署。署必題字以表之。故題字亦曰署。如署名署簽之類。又代理之官曰署。言代人署名而已。不居其位也。

廠 上

音敞。工作之所曰廠。
鐵廠。火柴廠。

昌兩切。屋無牆壁曰廠。如草廠粥廠等是。廠者。工之所萃也。故作工之所皆曰廠。今之紗廠絲廠。皆仿西式為之。不盡無牆壁矣。

局 入

音跼。委員之署曰局。
總局。局戲。

衢六切。博局也。所以行棊。引申之。官署亦曰局。以其各有部分不相雜。如棊之行於局也。衙之與局。同為官署。惟衙以居印官。有定額。有常所。局以處委員。隨事而設。無定所耳。又申之。凡羣聚皆曰局。如局騙局賭是。

栅 入

音策。木垣曰栅。
栅欄。木栅。

測革切。樹木而編之曰栅。所以代垣也。从木。冊象形也。

卡 入

音雜。守隘之兵房曰卡。
關卡。釐卡。

從納切。凡關隘之處。設兵立塘。謂之守卡。今釐捐局抽收貨釐。皆就要隘處設局。派巡丁以稽察之。故亦謂之卡。俗呼若克矮切。

屋 入

音沃。宮室之總名。
夏屋。屋梁。

烏谷切。室也。尸象屋形。至謂人所至止也。段借為幄。故天子之車幄曰黃屋。

家 平

音加。一門之內謂之家。
家中。人家。

古牙切。戶牖之間曰扆。其內謂之家。又婦人謂夫曰家。段借為姑。大家。女子之尊稱。

宅 入

音澤。安其所居曰宅。
佳宅。宅門。

直格切。居也。生前所居之宅。如田宅之宅是。生後所居之宅。如宅兆之宅是。皆居而安之之意。引申之。凡安其所者皆曰宅。如宅南郊。使宅百揆之類。

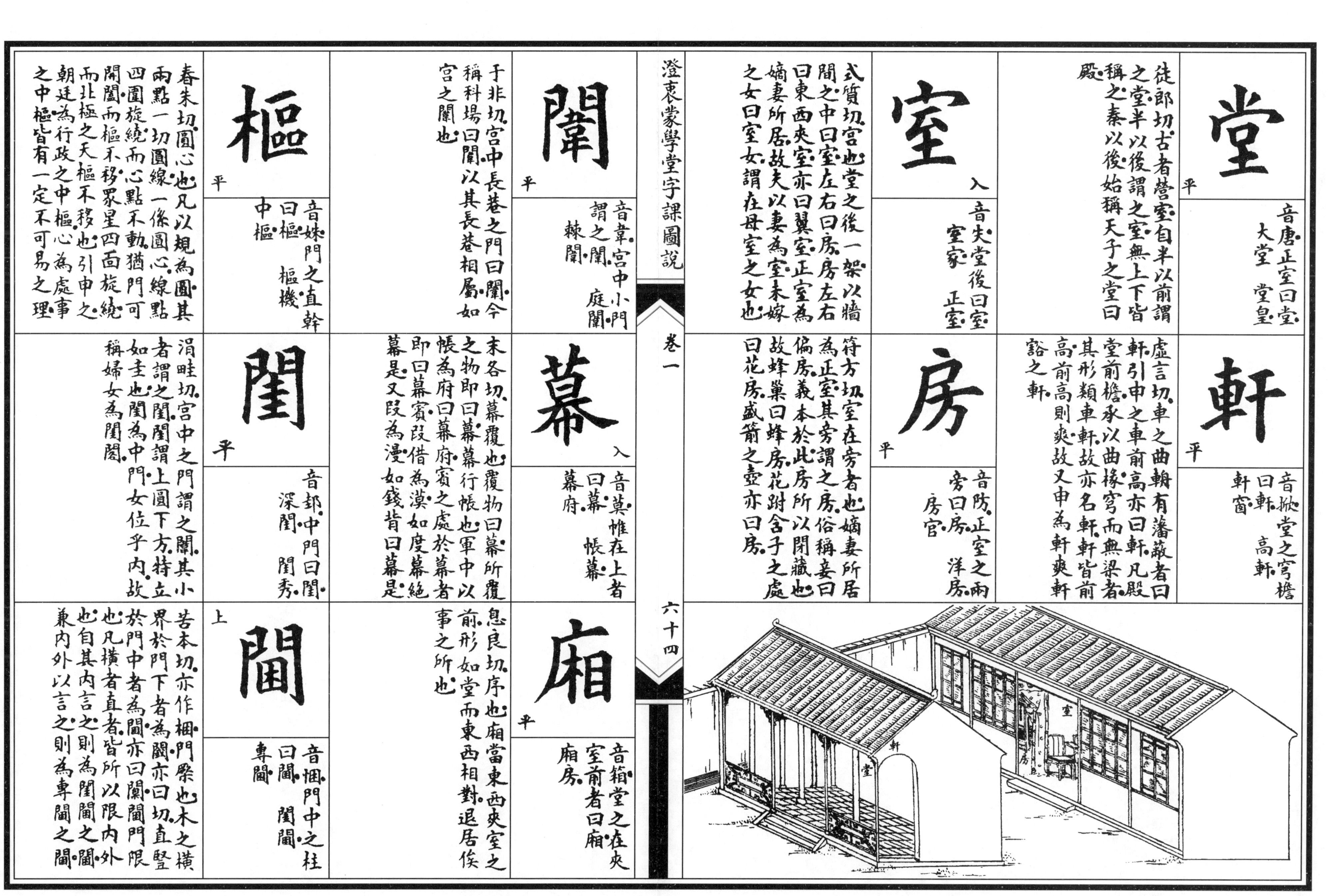

堂　平

音唐。正室曰堂。　大堂　堂皇。

徒郎切。古者營室，自半以前謂之堂，半以後謂之室。無上下皆稱之。秦以後始稱天子之堂曰殿。

室　入

音失。堂後曰室。　室家。　正室。

式質切。宮也。堂之後一架，以牆間之，中曰室，左右曰房。房左右曰東西夾室，亦曰翼室。正室為嫡妻所居。故夫以妻為室。未嫁之女曰室女。謂在母室之女也。

軒　平

音掀。堂之穹檐曰軒。　高軒。　軒窗。

虛言切。車之曲輈有藩蔽者曰軒。引申之，車前高亦曰軒。凡殿堂前檐，承以曲椽，穹而無梁者，其形類車軒，故亦名軒。軒皆前高。前高則爽，故又申為軒爽、軒豁之軒。

房　平

音防。正室之兩旁曰房。　洋房。　房官。

符方切。室在旁者也。嫡妻所居為正室。其旁謂之房。俗稱妾曰偏房，義本於此。房所以閉藏也，故蜂巢曰蜂房，花跗含子之處曰花房，盛箭之壺亦曰房。

闈　平

音韋。宮中小門謂之闈。　庭闈。　棘闈。

于非切。宮中長巷之門曰闈。今稱科場曰闈，以其長巷相屬，如宮之闈也。

樞　平

音姝。門之直幹曰樞。　樞機。　中樞。

春朱切。圓心也。凡以規為圓，其兩點一切圓線一條，圓心線點四圍旋繞，而心點不動。猶門可開闔，而樞不移。眾星四面旋繞，而北極之天樞不移也。引申之，朝廷為行政之中樞，心為處事之中樞，皆有一定不可易之理。

幕　入

音莫。帷在上者曰幕。　帳幕。　幕府。

末各切。幕，覆也。覆物曰幕。所覆之物即曰幕。幕，行帳也。軍中以帳為府，曰幕府。賓之處於幕者即曰幕賓。叚借為漠，如度幕、絕幕是。又叚為漫，如錢背曰幕是。

閨　平

音邽。中門曰閨。　深閨。　閨秀。

涓畦切。宮中之門謂之闈，其小者謂之閨。閨謂上圓下方，特立如圭也。閨為中門，女位乎內，故稱婦女為閨閣。

廂　平

音箱。堂之在夾室前者曰廂。　廂房。

息良切。序也。廂當東西夾室之前，形如堂而東西相對，退居俟事之所也。

閫　上

音捆。門中之柱曰閫。　閫閾。　專閫。

苦本切。亦作梱。門橜也。木之橫界於門下者為閾，亦曰切。直豎於門中者為閫，亦曰闑。閫，門限也。凡橫者直者，皆所以限內外也。自其內言之，則為閨閫之閫。兼內外以言之，則為專閫之閫。

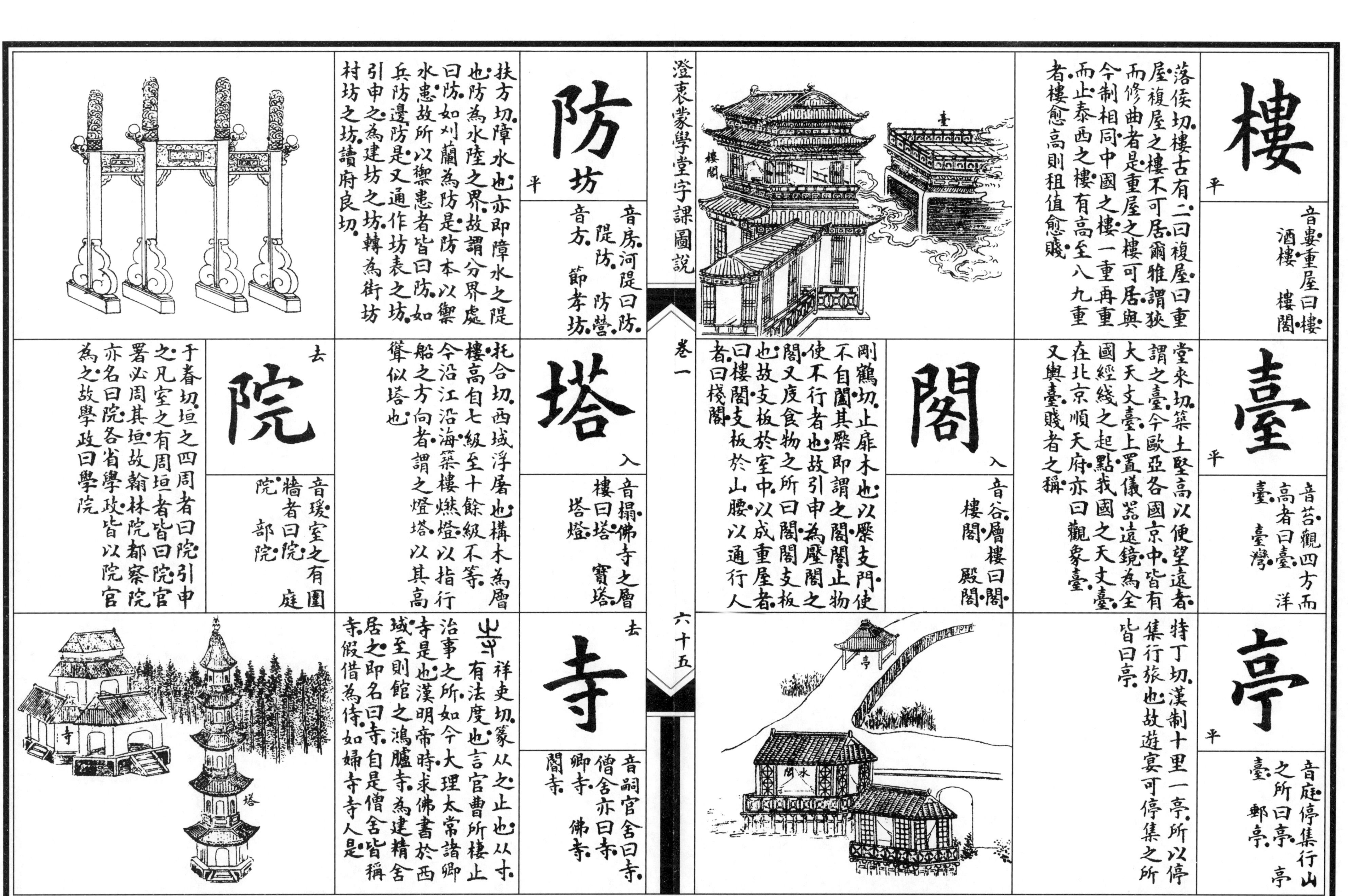

樓 平

音婁 重屋曰樓 酒樓 樓閣

落侯切 樓古有二 曰複屋 曰重屋 複屋之樓不可居 爾雅謂狹而修曲者是 重屋之樓可居 與今制相同 中國之樓 一重再重而止 泰西之樓 有高至八九重者 樓愈高則租值愈賤

臺 平

音苔 觀四方而高者曰臺 洋臺 臺灣

堂來切 築土堅高以便望遠者 謂之臺 今歐亞各國京中 皆有大天文臺 上置儀器遠鏡 為全國經綫之起點 我國之天文臺 在北京順天府 亦曰觀象臺 又輿臺 賤者之稱

閣 入

音谷 層樓曰閣 樓閣 殿閣

剛鶴切 止扉木也 以縻支門使不自闔 其縻即謂之閣 閣止物使不行者也 故引申為庋閣之閣 又庋食物之所曰閣 閣支板也 故支板於室中以成重屋者 曰樓閣 支板於山腰以通行人者 曰棧閣

亭 平

音庭 停集行山之所曰亭 亭臺 郵亭

特丁切 漢制十里一亭 所以停集行旅也 故遊宴可停集之所 皆曰亭

防 平 坊

音房 河隄曰防 隄防 防營
音方 節孝坊

扶方切 障水也 亦即障水之隄也 防為水陸之界 故謂分界處曰防 如刈蘭為防 是防本以禦水患 故所以禦患者皆曰防 如兵防 邊防 是又通作坊 坊表之坊 引申之為建坊之坊 轉為街坊 村坊之坊 讀府良切

塔 入

音榻 佛寺之層樓曰塔 寶塔 塔燈

托合切 西域浮屠也 構木為層樓 高自七級至十餘級不等 今沿江沿海築樓燃燈 以指行船之方向者 謂之燈塔 以其高聳似塔也

寺 去

音嗣 官舍曰寺 僧舍亦曰寺 卿寺 佛寺 閹寺

祥吏切 篆从之 止也 从寸 有法度也 言官曹所棲止治事之所 如今大理 太常諸卿寺是也 漢明帝時 求佛書於西域 至則館之鴻臚寺 為建精舍居之 即名曰寺 自是僧舍皆稱寺 假借為侍 如婦寺 寺人是

院 去

音瑗 室之有圍牆者曰院 庭院 部院

于眷切 垣之四周者曰院 引申之 凡室之有周垣者皆曰院 官署必周其垣 故翰林院 都察院 亦名曰院 各省學政 皆以院官為之 故學政曰學院

盦 庵

平

音湆。茅舍曰盦。 茅盦。 尼庵。

烏含切。通作庵。覆蓋也。引申之。圜屋為盦。以其上有所覆也。今俗以奉佛之室曰庵。蓋段庵以為名。非庵之必奉佛也。

廛

平

音纏。民居在邑曰廛。 一廛。 市廛。

呈延切。古者五畝之宅。二畝半在田。二畝半在邑。廛即在邑之二畝半也。故市中空地可居以畜藏貨物者。亦曰廛。又市中邸舍之稅。謂之廛布。古設廛人掌之。

廬

平

音閭。不常居之屋也。 草廬。 廬山。

力居切。寄舍也。春夏居之。秋冬則去。蓋構於田中。為耕作時所處也。引申之。候館曰廬。殿中直宿之處曰直廬。胡人之行帳曰旃廬。曰穹廬。皆以寄居不恆為義。

齋

平

債平聲。端居之室曰齋。 書齋。 齋戒。

側皆切。古作齊。齋者。齊肅精神以事神也。今靜室曰齋。讀書之室亦曰齋。皆取齊肅之意。俗以蔬食為齋。飯僧之處曰齋堂。雖仍齋戒之名。實與古訓不合。

閭

平

音臚。里門曰閭。 鄉閭。 閭里。

力居切。周禮五家為比。五比為閭。閭二十五家。比即鄰。閭即里也。每里各設門。以稽察非常。其門謂之閭。若今之柵門然。

鄰

平

音粼。五家為鄰。 鄰舍。 比鄰。

力珍切。周禮五家為鄰。尚書大傳八家為鄰。居相鄰者必近。故引申謂近為鄰。鄰必相比。故相比相輔者皆曰鄰。

寓

去

音遇。寄居曰寓。 客寓。 寓意。

牛具切。寄也。以物寄人曰寓。如寓書是。寄託之言曰寓。如寓言是。寄居於人曰寓。如寓公是。寄居之所曰寓。如旅寓是。獮猴之類。皆寄居木上。故謂之寓屬。

店

去

音墊。居貨待售之所曰店。 店舖。 小店。

都念切。店。置也。所以置貨鬻物也。店之類有四。懋遷有無。引重致遠者曰行。代人買賣。不事瑣售者曰號。居貨零售以逐什一者曰店。瑣屑販鬻。不能居積者曰攤。統言之則皆店也。

棧

上

輚上聲。居積之所曰棧。 棧房。 棧道。

仕限切。棧。馬之所聚也。引申之。凡人物所聚皆曰棧。故客舍曰客棧。藏貨之所曰貨棧。又閣板曰棧。凡山路高下不平處。支板為道。謂之棧道。今川陝之交。通衢數百里。皆棧道也。

邸

上

音底。藩國在京之府第曰邸。 藩邸。 鄉邸。

典禮切。屬國舍也。漢制。諸侯王及諸郡朝宿之館。在京師者。謂之邸。段借為底。舍也。如客邸。鄉邸之類。蓋皆以寄居為義也。

苑 上

音婉　天子之園曰苑　南苑　苑門

於阮切。苑者中植林木外環以垣畜禽獸者也。漢有上林苑。後惟宮中之園得稱之。謂之禁苑。今稱三海曰西苑。頤和園曰南苑。

囿 去

音右　蓄育鳥獸之所曰囿　囿　靈囿

爰救切。囿者築牆為界域而育禽獸於其中者也。有界域則不通廣。故謂識不通廣曰囿。

樊 平

音煩　鳥籠曰樊　又籬也　樊籠　樊籬

附袁切。所以籠鳥者曰樊。籠所以屏蔽者曰樊。籬皆削竹為之。縱橫交互而疏者也。

籬 平

音離　編竹外蔽曰籬　竹籬　籬笆

鄰溪切。籬離也。編柴竹為之。疏而離離然也。

園 平

音袁　種樹之所曰園　園地　名園

于元切。樹果蓏之所曰園。其樊曰園。因以樊之內為園。園多卉木。宜於游觀。因謂游觀之所有草木者為園。今制王貝勒之墓稱園寢。亦以內可游觀如園然也。

圃 上

音補　種蔬菜之地曰圃　老圃　場圃

彼五切。場圃皆宅中隙地也。秋冬則築之為場。以便收穫。春夏則耕之為圃。以植果蓏。引申之。凡隙地皆曰圃。如射圃是。又老於農圃者謂之老圃。

廁 去

音颸去聲　圊溷曰廁　坑廁　廁列

初寺切。廁行清也。段借為側。如踞廁之廁是。又段為次。如濫廁之廁是。

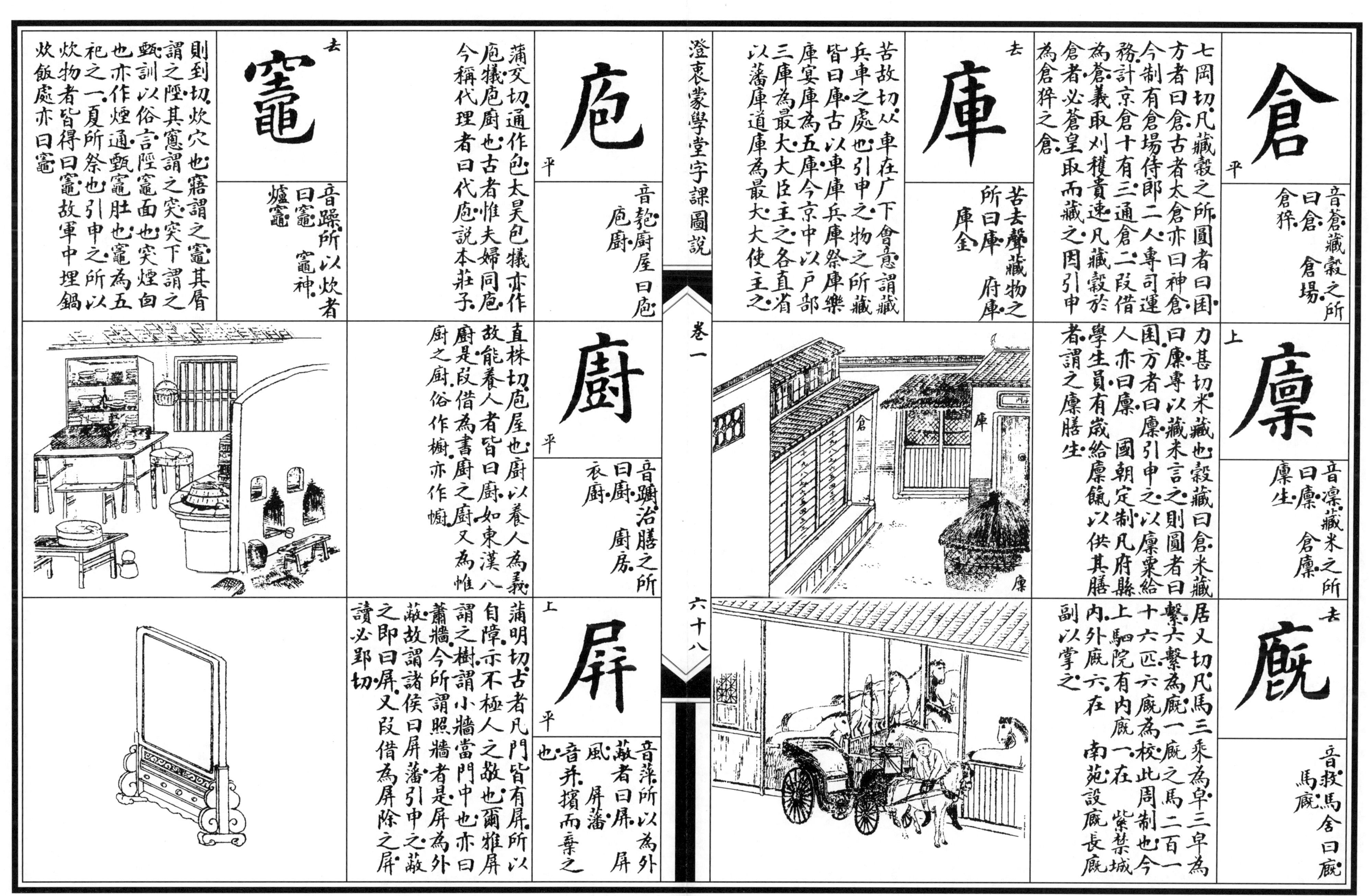

倉 平

音蒼 藏穀之所曰倉 倉場 倉猝

七岡切 凡藏穀之所 圓者曰囷 方者曰倉 古者太倉亦曰神倉 今制有倉場侍郎二人 專司運務 計京倉十有三 通倉二 段借為蒼 義取刈穫貴速 凡藏穀於倉者必蒼皇取而藏之 因引申為倉猝之倉

廩 上

音凜 藏米之所曰廩 倉廩 廩生

力甚切 米藏也 穀藏曰倉 米藏曰廩 專以藏米言之 則圓者曰囷 方者曰廩 引申之 以廩粟給人亦曰廩 國朝定制 凡府縣學生員 有歲給廩餼以供其膳者 謂之廩膳生

廄 去

音救 馬舍曰廄 馬廄

居又切 凡馬三乘為皁 三皁為繫 六繫為廄 一廄之馬二百一十六匹 六廄為校 此周制也 今上駟院有內廄一 在紫禁城內 外廄六 在南苑 設廄長廄副以掌之

庫 去

苦去聲 藏物之所曰庫 府庫 庫金

苦故切 从車在广下 會意 謂藏兵車之處也 引申之 物之所藏皆曰庫 古以車庫兵庫祭庫樂庫宴庫為五庫 今京中以戶部三庫為最大 大大臣主之 各直省以藩庫道庫為最大 大使主之

庖 平

音匏 廚屋曰庖 庖廚

蒲交切 通作包 太昊包犧亦作庖犧 庖廚也 古者惟夫婦同庖 今稱代理者曰代庖 說本莊子

廚 平

音躕 治膳之所曰廚 廚房 衣廚

直株切 庖屋也 廚以養人為義 故能養人者皆曰廚 如東漢八廚是 段借為書廚之廚 又為帷廚之廚 俗作櫥 亦作幮

屏 上 平

音萍 所以為外蔽者曰屏 屏風 屏藩 音幷 擯而棄之也

蒲明切 古者凡門皆有屏 所以自障 示不極人之敬也 爾雅 屏謂之樹 謂小牆當門中也 亦曰蕭牆 今所謂照牆者是 屏為外蔽 故謂諸侯曰屏藩 引申之 蔽之即曰屏 又段借為屏除之屏 讀必郢切

竈 去

音躁 所以炊者曰竈 竈神 爐竈

則到切 炊穴也 竈謂之竈 其脣謂之陘 其窻謂之突 突下謂之甄 訓以俗言 陘竈面也 突煙囱也 亦作煙通 甄竈肚也 竈為五祀之一 夏所祭也 引申之 所以炊物者皆得曰竈 故軍中埋鍋炊飯處亦曰竈

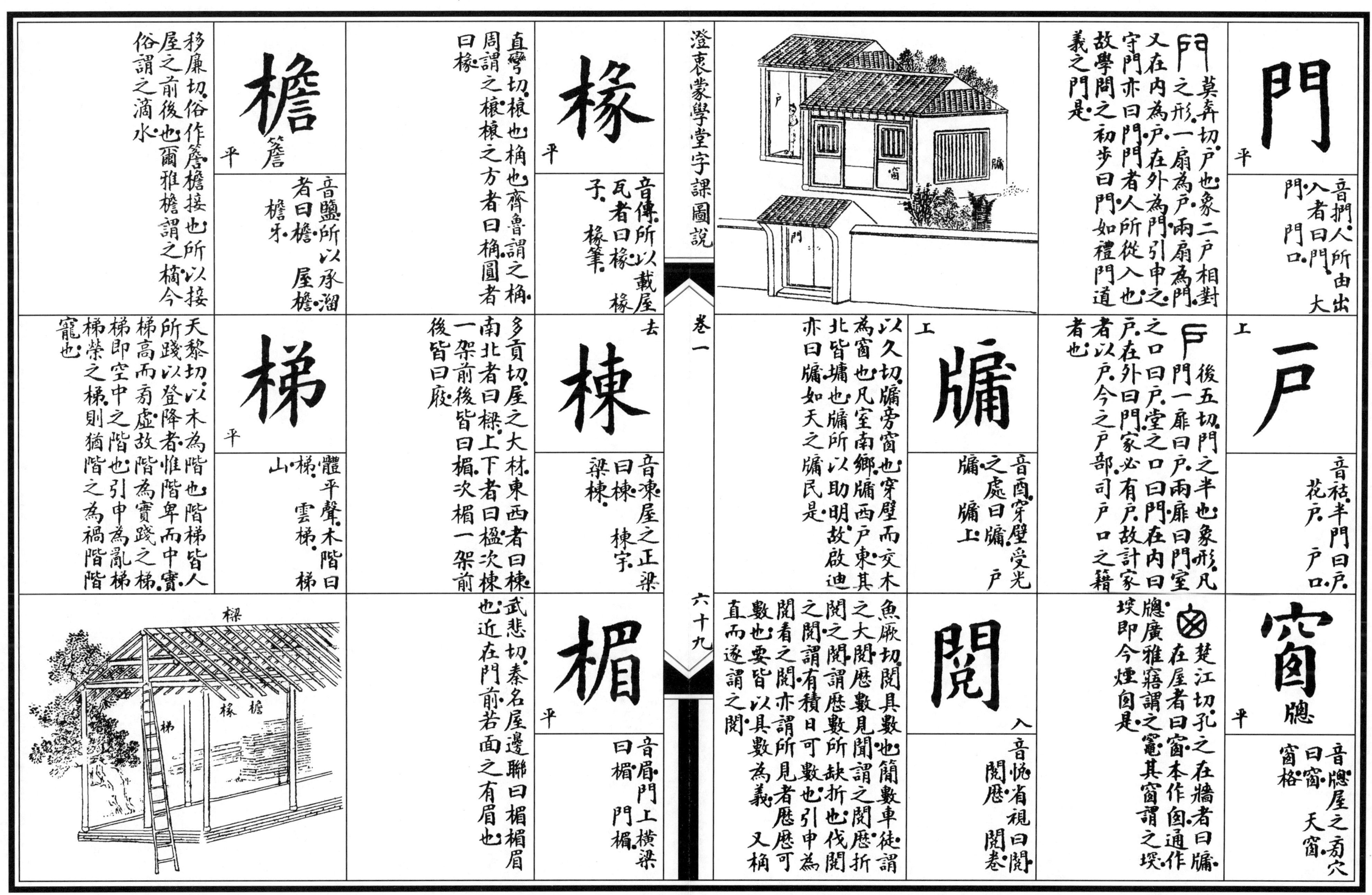

門　平

音捫。人所由出入者曰門。大門。門口。

𠁣 莫奔切。戶也。象二戶相對之形。一扇為戶。兩扇為門。又在內為戶。在外為門。引申之。守門亦曰門。門者人所從入也。故學問之初步曰門。如禮門道義之門是。

戶　上

音祜。半門曰戶。花戶。戶口。

𠀀 後五切。門之半也。象形。凡門一扉曰戶。兩扉曰門。室之口曰戶。堂之口曰門。在內曰戶。在外曰門。家必有戶。故計家者以戶。今之戶部。司戶口之籍者也。

窗　牎　平

音牎。屋之旁穴曰窗。天窗。窗格。

囱 楚江切。孔之在牆者曰牖。在屋者曰窗。本作囪。通作牎。廣雅。𥦷謂之竈。其窗謂之堗。堗即今煙囱是。

牖　上

音酉。穿壁受光之處曰牖。戶牖。牖上。

以久切。牖旁窗也。穿壁而交木為窗也。凡室南鄉。牖西戶東。其北皆墉也。牖所以助明。故啟迪亦曰牖。如天之牖民是。

閱　入

音悅。省視曰閱。閱歷。閱卷。

魚厥切。閱具數也。簡數車徒謂之大閱。歷數見聞謂之閱歷。折閱之閱。謂歷數所缺折也。伐閱之閱。謂有積日可數也。引申為閱看之閱。亦謂所見者歷歷可數也。要皆以具數為義。又梋直而遂謂之閱。

椽　平

音傳。所以載屋瓦者曰椽。椽子。椽筆。

直彎切。榱也。桷也。齊魯謂之桷。周謂之榱。榱之方者曰桷。圓者曰椽。

棟　去

音凍。屋之正梁曰棟。棟宇。梁棟。

多貢切。屋之大材。東西者曰棟。南北者曰梁。上下者曰楹。次棟曰楣。次楣一架。前一架。前後皆曰楣。前後皆曰庪。

楣　平

音眉。門上橫梁曰楣。門楣。

武悲切。秦名屋邊聯曰楣。楣眉也。近在門前。若面之有眉也。

檐　簷　平

音鹽。所以承溜者曰檐。屋檐。檐牙。

移廉切。俗作簷。檐接也。所以接屋之前後也。爾雅。檐謂之樀。今俗謂之滴水。

梯　平

體平聲。木階曰梯。雲梯。梯山。

天黎切。以木為階也。階梯皆人所踐以登降者。惟階卑而中實。梯高而旁虛。故階為實踐之梯。梯即空中之階也。引申為亂梯。梯榮之梯。則猶階之為禍階。階寵也。

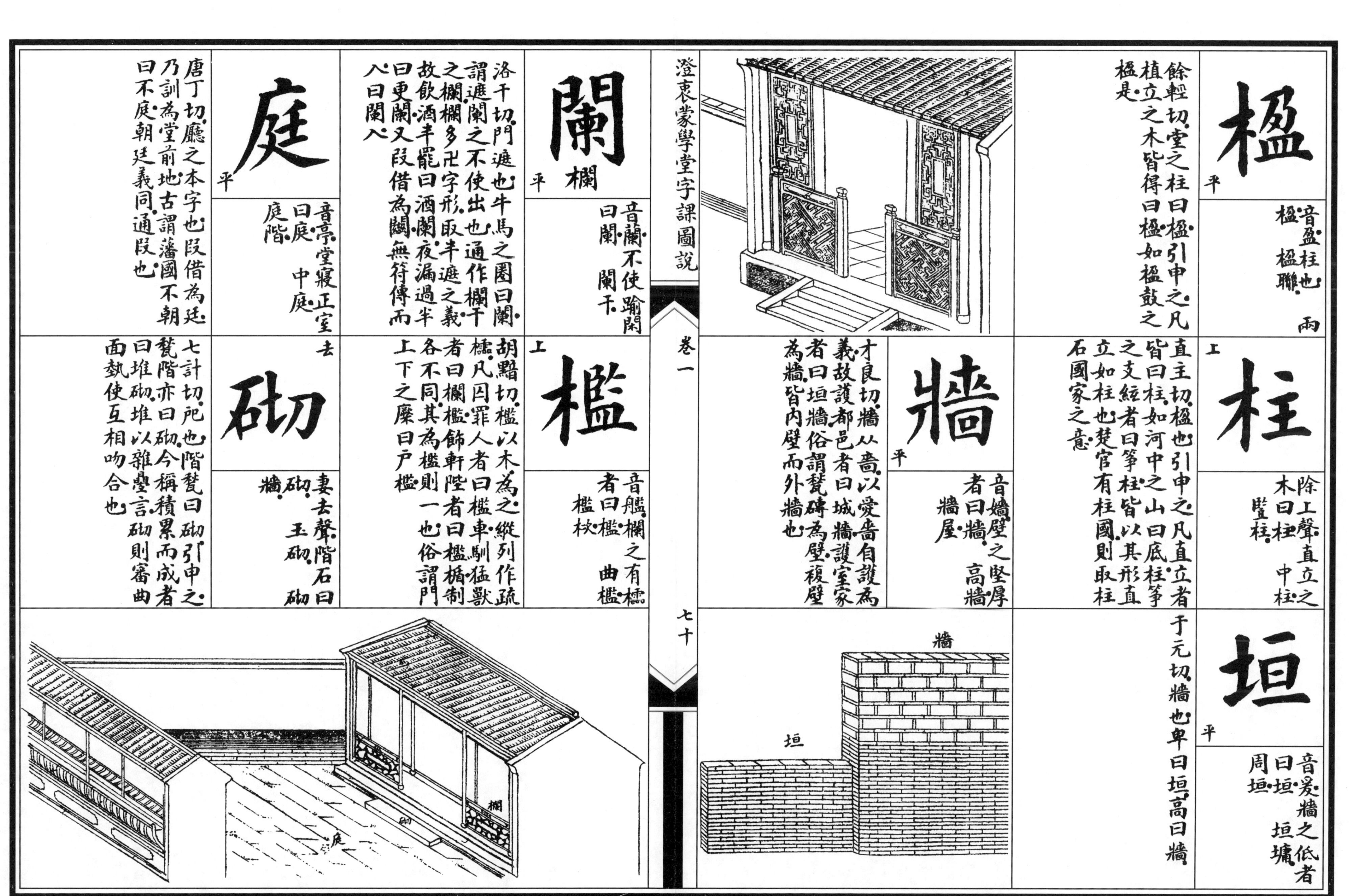

楹 平

音盈。柱也。 兩楹。 楹聯。

餘輕切。堂之柱曰楹。引申之。凡植立之木皆得曰楹。如楹鼓之楹是。

柱 上

除上聲。直立之木曰柱。 中柱。 豎柱。

直主切。楹也。引申之。凡直立者皆曰柱。如河中之山曰底柱。箏之支絃者曰箏柱。皆以其形直立如柱也。楚官有柱國。則取柱石國家之意。

牆 平

音嬙。壁之堅厚者曰牆。 高牆。 牆屋。

才良切。牆从嗇。以愛嗇自護為義。故護都邑者曰城牆。護室家者曰垣牆。俗謂甃磚為壁。複壁為牆。皆內壁而外牆也。

垣 平

音爰。牆之低者曰垣。 垣墉。 周垣。

于元切。牆也。卑曰垣。高曰牆。

闌 平 欄

音蘭。不使踰閑曰闌。 闌干。

洛干切。門遮也。牛馬之圈曰闌。謂遮闌之不使出也。通作欄。欄干之欄多卍字形。取牛遮之義。故飲酒半罷曰酒闌。夜漏過半曰更闌。又段借為闌無符傳而入曰闌入。

庭 平

音亭。堂寢正室曰庭。 中庭。 庭階。

唐丁切。廳之本字也。段借為廷。乃訓為堂前地。古謂藩國不朝曰不庭。朝廷義同。通段也。

檻 上

音艦。欄之有櫺者曰檻。 曲檻。 檻枕。

胡黯切。檻以木為之。縱列作疏櫺。凡囚罪人者曰檻車。馴猛獸者曰欄檻。飾軒陛者曰檻楯。制各不同。其為檻則一也。俗謂門上下之靡曰戶檻。

砌 去

妻去聲。階石曰砌。 玉砌。 砌牆。

七計切。戺也。階甃曰砌。引申之。甃階亦曰砌。今稱積累而成者曰堆砌。堆以雜疊言。砌則審曲面埶使互相吻合也。

基 平

音朞。築牆之址曰基。宅基。基址。

居之切。牆始也。築牆必固其基。而後可施畚築。故基為築牆之始。引申之凡事業之最初者皆曰基。

址 工

音止。基也。住址。

諸市切。址者止也。山足曰址。屋之四周曰四址。皆就其基之所止言之也。

座 去

音坐。人所坐之處曰座。上座。座師。

徂卧切。本作坐。坐具也。今稱尊者之位曰座。如御座。寶座。及八座座師之類。

庇 去

比去聲。愛護曰庇。庇廕。包庇。

必至切。蔭也。覆也。德澤及人而蒙其利。謂之庇。引申之市惠而隱覆其惡。亦謂之庇。

居 平

音車。安處曰居。所居之處即曰居。居家。新居。

斤魚切。居古作凥。踞之本字也。故居亦訓坐。如居吾語女是。引申為居處之居。因謂所居之處為居。居則有歛藏之意。故又申為居積居貨之居。段借為倨。居然謂傲然居之也。又語助詞。誰居。疑問辭也。

間 去 上 平

音諫。間隙。音蕑。中間。音簡。反間。音閑。間居。通作間。

居晏切。隙也。有隙則物不連屬。故為間斷之間。居閑切。隙必在兩物之間。故為中間之間。孤限切。物有隙則相離。故使人相離曰讒間。用兵者必乘隙而動。故伺人之隙者曰間諜。何艱切。暇也。事之隙也。如農隙是。

開 平

音侅。闢門曰開。開端。大開。

苦哀切。開與闢與啟同義。析言之。開所未開謂之闢。開其已開謂之啟。各有一義。而開實兼之。開本謂啟門。引申之凡有所啟發皆曰開。

闢 入

音擗。創開曰闢。闢土。闢佛。

毗亦切。開所未開曰闢。開所不易開亦曰闢。闢必有所除。故屏除亦謂之闢。如闢佛之闢是。

閉 去

音嬖。闔門曰閉。關閉。閉戶。

必計切。从門。才所以距門也。門閉則塞。引申為閉塞之閉。又申之物之閉者曰閉。如竹閉之閉是。所以閉者曰閉。如月令修鍵閉之閉是。

閑 平

音閒。所以制物之出入者曰閑。天閑。防閑。

何艱切。闌也。从門中有木。養馬之所也。天子之馬六種。為十二閑。閑所以防出入。故梐枑曰閑。引申為防閑之閑。段借為嫻。安靜曰幽閑。習慣曰閑熟。皆嫻之通段也。

隙 入

音綌。壁間之孔曰隙。穴隙。嫌隙。

乞逆切。裂穴也。物有隙則相離。故意不相合曰有隙。隙處必空。故地之空者曰隙地。時之空者曰農隙。隙亦作郤。竅也。隙郤竅義同聲轉也。

巢 平

音鄛。鳥止宿之處曰巢。窠巢。鵲巢。

鋤交切。鳥在木上曰巢。在穴曰窠。巢鳥獸之所乳也。鳥獸不皆有巢。惟將乳必營巢。引申之盜賊匿聚之藪曰巢穴。